Ulrike Lindner

Klare WORTE finden spezial

Schwierige Elterngespräche in der Kita

Souverän bleiben bei **Konflikten** und **heiklen Themen**

Verlag an der Ruhr

Impressum

Titel

Klare Worte finden – spezial: Schwierige Elterngespräche in der Kita

Souverän bleiben bei Konflikten und heiklen Themen

Autorin

Ulrike Lindner

Titelbildmotiv

© by Aaron Amat – Fotolia.com

Fotos im Innenteil

Wenn nicht anders angegeben: Nora Lindner

Druck

Heenemann GmbH & Co. KG, Berlin, DE

Verlag an der Ruhr

Mülheim an der Ruhr

www.verlagruhr.de

Geeignet für ErzieherInnen und Kita-LeiterInnen

ISBN 978-3-8346-4198-4

VORWORT 5

KAPITEL 1: EINFÜHRUNG 7

SCHWIERIGE ELTERN? ODER SCHWIERIGE GESPRÄCHE? 8

BEZIEHUNGEN VON ANFANG AN GUT GESTALTEN 9

REFLEXION ÜBER DIE EIGENE ROLLE 13

FÖRDERLICHE RAHMENBEDINGUNGEN 15

INSTRUMENTE DER GESPRÄCHSFÜHRUNG 17
- Aktives Zuhören 17
- Mit Fragen steuern 19
- Mit Ich-Botschaften Klartext reden 20
- Gut vorbereitet ins Gespräch 22
- Die richtige Einstellung 22
- Gesprächsablauf planen 23

EINLADUNG ZUM GESPRÄCH 25
- Erste Einladung zu einem „schwierigen" Gespräch 25
- Nach einer Unstimmigkeit zum Gespräch einladen 26

KAPITEL 2: SCHWIERIGE GESPRÄCHSSITUATIONEN 27

UMGANG MIT AGGRESSIONEN 28
- Wenn Eltern (verbal) aggressiv werden 28
- Die besten Strategien bei Angriff 30
- „Sie blöde Kuh" – Beleidigungen 33
- Wenn Eltern drohen 34
- Wenn Eltern tätlich werden 35

SCHWIERIGE INHALTE 36
- Noch Problem? Oder schon ein Konflikt? 36
- Schwierige Situationen entschärfen 36
- Unstimmigkeiten ansprechen 39
- Eltern Förderbedarf mitteilen 40
- Wenn Eltern Förderung einfordern 42
- Um Verhaltensänderung bitten 44
- Kranke Kinder in der Kita 45
- Wenn Eltern in der Krise sind 47
- Verdacht auf Kindeswohlgefährdung ansprechen 49

UNZUFRIEDENHEIT/BESCHWERDEN 52
- Unterschiedliche Ansichten über Erziehung 52
- Wenn Eltern sich beschweren 56
- Eltern lehnen den Erzieher ab 57

Eltern beschweren sich über die Erzieherin ... 60
Umgang mit Klatsch und Tratsch ... 60
Beschwerden über eine Kollegin ... 61
Wenn Eltern anzüglich sind ... 62
Wenn Eltern lügen ... 63

KOMMUNIKATIONSPROBLEME ... 65
Wenn Eltern eine andere Sprache sprechen ... 65
Eltern mit niedrigem Bildungsniveau ... 68
Wenn Eltern schweigen ... 69
Wenn Eltern zu viel reden ... 70

EIGENE BEFINDLICHKEIT ... 72
Negative Gefühle gegenüber Eltern oder Kind ... 72
Zweifel an der eigenen Kompetenz ... 74
Überschreiten der Grenzen zur Privatsphäre ... 75

KAPITEL 3: VORBEREITUNG AUF SCHWIERIGE GESPRÄCHE ... 77

GUT GERÜSTET FÜR SCHWIERIGE GESPRÄCHE ... 78
Wie geht es mir? Wie geht es den Eltern? ... 78
Im Gespräch konstruktiv mit Abwehr umgehen ... 82

UMGANG MIT NERVOSITÄT ... 84
Signale der Sicherheit senden ... 84
Übungen für eine volle Stimme und gute Artikulation ... 87
Ideen für mich – gut für sich sorgen ... 89

KAPITEL 4 – ANHANG/KOPIERVORLAGEN ... 91

Checkliste Schwierige Gespräche vorbereiten ... 92
Gesprächsraster schwierige Gespräche ... 94
Kurzprotokoll Elterngespräch ... 96
Die wichtigsten Gesprächsregeln ... 97
Gesprächshelfer, die schwierige Situationen entschärfen ... 99
Gesprächskiller kennen und vermeiden ... 101
Die eigene Rolle reflektieren ... 103

LITERATURVERZEICHNIS ... 104

MEDIENTIPPS ... 104

Vorwort

Elterngespräche gehören zum Alltag in Kita und Krippe. Beim Schnuppern, bei der Anmeldung, bei Elternabenden und Feiern, beim Tag der offenen Tür und natürlich zwischen Tür und Angel finden Gespräche statt. Ob Kennenlern-, Anmelde-, Entwicklungs- oder Beratungsgespräch, die meisten Begegnungen verlaufen harmonisch. Kein Wunder – eine gute, vertrauensvolle **Kommunikation** liegt im Interesse sowohl der Kita als auch der Eltern.

Eltern sind interessiert daran, sich mit der Erzieherin[1] regelmäßig und **vertrauensvoll** auszutauschen. Sie wollen Informationen über den Teil des Tages erhalten, den sie nicht mit ihren Kindern verbringen. Viele sind unerfahren in Erziehungsfragen und schätzen den **Rat der Pädagogen**. Andere suchen **persönliche Unterstützung** und Bestätigung durch das Gespräch.

Für Erzieher stellt das Elterngespräch ebenfalls einen unverzichtbaren **Baustein der Erziehungspartnerschaft** dar. Im Austausch mit den Erziehungsberechtigten können sie ihre pädagogische Sicht einbringen, wenn Probleme auftreten, oder gewinnen Einblicke in die familiäre Situation, die hilfreich für die Arbeit mit den Kindern sind. Gut informierte Eltern sind zudem in der Regel motiviert und unterstützen die Kita in vielfältiger Weise – als Elternvertreter, Vorlesemama oder als Interessenvertreter im Gemeinderat. Damit **bereichern** sie jede Einrichtung. Nicht zuletzt: Ein vertrauensvolles, offenes Verhältnis ist der beste **Schutz gegen Konflikte**, die viel Energie und Nerven binden, die anderweitig viel besser eingesetzt wären.

Woran liegt es also, dass es immer wieder zu **schwierigen Gesprächen** kommt? Eltern, die fordernd auftreten und scheinbar nur ihr eigenes Anliegen im Sinn haben? Mütter und Väter, die kranke Kinder in die Kita bringen und sauer reagieren, wenn sie darum gebeten werden, diese abzuholen? Eltern, die sich in alles einmischen und alles besser wissen? Oder solche, die gut gemeinte Ratschläge zurückweisen, sich zurückziehen oder auf Konfrontationskurs gehen? In den allermeisten Fällen ist nicht einmal böser Wille im Spiel. Vielleicht will die Erzieherin mit einem gut gemeinten Ratschlag helfen, die Eltern fühlen sich angegriffen und wehren die vermeintliche Kritik ab, die Erzieherin reagiert in gleicher Weise. Schon ist der schönste Streit im Gang.

Gewiss kennen Sie solche und ähnliche Situationen. Denn eines ist klar – solange es Gespräche gibt, gibt es auch schwierige Gespräche. Leider scheint es daraus keinen Ausweg zu geben. Im Gegenteil: Viele Erzieher haben das Gefühl, dass schwierige Situationen in den letzten Jahren eher zugenommen haben. Wie kann man damit umgehen? Welche **Hilfsmittel** stehen zur Verfügung, um besser mit schwierigen Situationen klarzukommen?

Dieses Buch will Ihnen Anregungen geben, sich mit **Mut und guter Laune** auch schwierigen Elterngesprächen zu stellen. Als Erzieherin haben Sie es ein Stück weit selbst in der Hand, Gespräche zu steuern. Mit der richtigen **Einstellung, Selbstbewusstsein und Offenheit** können Sie auch komplizierte Situationen meistern. Die wichtigste Zutat dazu sind Sie selbst. Je sicherer Sie sind, je mehr Sie an sich glauben, Ihrem Fachwissen, aber auch Ihrem Gefühl vertrauen, je mehr Sie über Kommunikation wissen, desto leichter fallen Ihnen Gespräche mit verärgerten, gereizten, fordernden, verzweifelten, unsicheren oder uneinsichtigen Eltern und desto weniger tragen Sie selbst zu unbefriedigenden Gesprächsverläufen bei.

[1] Um alle pädagogischen Fachkräfte gleichermaßen anzusprechen, wird in diesem Buch vermischt mal die männliche, mal die weibliche und mal die sachliche Form „pädagogische Fachkraft" genutzt.

Im **ersten Kapitel** finden Sie daher Hinweise über die **Voraussetzungen** für gelingende Elterngespräche, von Ihrem eigenen Rollenverständnis über die günstigen Rahmenbedingungen für Gespräche bis hin zu den wichtigsten Instrumenten der Gesprächsführung. Im **zweiten Kapitel** wurden die **häufigsten Konfliktsituationen** beispielhaft geschildert. Alle Beispiele stammen aus der Praxis und wurden in ähnlicher Form erlebt und in Fortbildungen geschildert. Anhand von Beispieldialogen und der folgenden **Analyse** können Sie nachvollziehen, was in den Situationen jeweils geschehen ist und wie die Beteiligten reagiert haben. Im **dritten Kapitel** finden Sie hilfreiche Tipps zur **Vorbereitung** auf schwierige Gespräche und zum Umgang mit Nervosität etc. Im **Anhang** befinden sich Checklisten, Planungshilfen und weitere **Materialien**, die Ihre nächsten Gespräche erleichtern können – auch wenn sie unter schwierigen Vorzeichen stattfinden.

Dabei wünsche ich Ihnen viel Erfolg!

Ulrike Lindner

Einführung

Schwierige Eltern? Oder schwierige Gespräche?

„Nachher kommt Frau Müller zum Gespräch. Davor graut mir jetzt schon."

Kennen Sie dieses Gefühl, das wohl jede Erzieherin manchmal vor einem Elterngespräch überfällt? Während die meisten Gespräche mit Berufserfahrung und Selbstbewusstsein gut und einfach verlaufen, gibt es immer wieder Situationen, die verunsichern.

Ob und in welchem Maß wir die Gespräche mit fordernden Eltern oder über Konfliktthemen als „schwierig" erleben, hängt von der **eigenen Einstellung** ab. Während Erzieherin Karin schon am Vorabend schlecht schläft, weil am nächsten Tag ein Beratungsgespräch ansteht, blickt ihre Kollegin Anna einem ähnlichen Termin völlig gelassen entgegen. Während eine Kollegin sich genervt abwendet und die Augen verdreht, weil die Mutter ihr Kind schon wieder zu spät bringt, erkennt eine andere im Gespräch die Notsituation der alleinerziehenden Mutter und entwickelt mit ihr Strategien zur Lösung.

Wie gut die **Kommunikation** funktioniert, hängt von zwei Partnern ab – von Ihnen und Ihrem Gegenüber. Eine wichtige Voraussetzung für gelingende Elterngespräche, auch in schwierigen, konfliktträchtigen Situationen, besteht aus diesem Grund darin, die **eigene Rolle** als Gesprächspartner nicht auszublenden. Sicher sind Situationen, in denen Eltern sich (zu Recht oder Unrecht) beschweren, in denen wir das Gefühl haben, uns rechtfertigen zu müssen oder in denen es darauf ankommt, Stellung zu beziehen, nicht angenehm. Sie müssen aber nicht unbedingt Anlass für Stress und Auseinandersetzung sein!

Beschwerden können als Kommunikationsangebot wahrgenommen werden, ein ärgerlicher Anruf als Zeichen, dass Eltern sich in Sorge befinden und eine vermeintliche Einmischung in interne Kita-Angelegenheiten als elterliches Engagement. Wer darauf entsprechend genervt, abweisend oder beleidigt reagiert, ist selbst Teil des Problems. Gerade im Konfliktfall ist es besonders wichtig, sicher und gelassen zu kommunizieren. Als Gesprächsleiterin und Pädagogik-Profi ist es Ihre Aufgabe, den Gesprächsablauf kompetent zu steuern. Dazu gehört neben dem fachlichen Know-How auch die Fähigkeit zur Gesprächsführung und Konfliktlösung.

Das funktioniert am besten dann, wenn Sie sich in Ihrer Rolle als Gesprächsleitung sicher fühlen. Gerade in Elterngesprächen, die als schwierig empfunden werden, etwa weil es darum geht, Eltern eine Entwicklungsverzögerung mitzuteilen, sie um eine Verhaltensänderung zu bitten oder wenn es bereits zum Konflikt gekommen ist, muss der Erzieher selbstbewusst und authentisch agieren. Konkret heißt das:

- ✔ hinter dem zu stehen, was er sagt, also fachlich sicher zu sein,
- ✔ den Eltern wertschätzend und auf Augenhöhe zu begegnen und
- ✔ keine Angst vor Gefühlen zu haben – weder den eigenen, noch denen der Eltern.

Wenn das gegeben ist, kann ein ehrlicher, einfühlender Austausch entstehen, der es ermöglicht, auch konfrontative Inhalte anzusprechen. Die Eltern werden dabei angehalten, diese Inhalte anzunehmen, ohne sich angegriffen, kritisiert oder verurteilt zu fühlen.

Beziehungen von Anfang an gut gestalten

Anders als man es vielleicht vermuten könnte, ist in schwierigen Situationen die Beziehungsebene oft wichtiger als die Sachebene. Viele Konflikte entzünden sich nicht an Meinungsverschiedenheiten und unvereinbaren Ansichten, sondern an vermeintlichen Lappalien, wie z. B.:

Beispiel

- *Erzieherin Anna hat sich nicht bedankt, als ihr Lenas Mutter ein kleines Geschenk zum Geburtstag mitgebracht hat.*
- *Die Mutter bringt ihre knapp Dreijährige ohne Windel in die Krippe, obwohl sie noch nicht trocken ist.*
- *Ein Vater ist sauer, weil sein „Guten Morgen" nicht erwidert wird.*
- *Die Erzieherin glaubt, die Mutter sei arrogant, weil sie so kurz angebunden ist.*

Ob diese Situationen schnell und unkompliziert geklärt werden oder sich zum Konflikt auswachsen, hängt wesentlich davon ab, ob es schon im Vorfeld gelungen ist, eine gute Beziehung zu den Eltern aufzubauen. Das heißt nicht, dass Sie mit allen Eltern eine Freundschaft verbindet. Eine gute Beziehung im professionellen Sinn hat nur wenig mit persönlichen Sympathien oder Antipathien zu tun oder damit, ob die Eltern Ihre Begeisterung für die offene Arbeit teilen oder alle einer Meinung darüber sind, welche Kleidung für die Kinder angemessen ist, um im Januar draußen zu spielen.

Eine gute Beziehung im professionellen Sinn ist vielmehr gekennzeichnet von:

- ✔ **Akzeptanz und Wertschätzung**, die alle Eltern gleichermaßen erfahren,
- ✔ **Transparenz und Offenheit**, mit der die Kita als Institution sowie jede einzelne Kollegin kommunizieren und
- ✔ der **Bereitschaft zum Dialog** auf Augenhöhe.

Wenn diese Voraussetzungen gegeben sind, können unterschiedliche Ansichten, z. B. über das pädagogische Konzept, aber auch persönliche Differenzen, wie das vergessene Dankeschön, im Vorübergehen gelöst werden. Statt beleidigt zu reagieren und sich zurückzuziehen, würde die Mutter dann einfach nachfragen: „Haben Ihnen die Blumen gefallen, die Luisa gestern mitgebracht hat?" Und Erzieherin Anna könnte antworten: „Oh ja, sehr, vielen Dank. Ich wollte gestern schon Danke sagen, aber dann kam etwas dazwischen." Oder vielleicht auch: „Ja, danke, sehr gut. Aber wir haben im Team besprochen, dass wir lieber keine Geschenke von den Eltern annehmen wollen. Deshalb war ich gestern so kurz angebunden, weil ich nicht auf Anhieb wusste, wie ich reagieren soll."

Kurz gesagt: Wenn sich zwei verstehen, lassen sich auch schwierige Sachverhalte leichter ansprechen und eher klären. Selbst wenn es zu keiner Einigung kommt, ist es einfacher, mit den unterschiedlichen Auffassungen weiter gut zusammenzuarbeiten. Wenn jedoch keine gute Beziehung besteht, werden aus kleinen Unstimmigkeiten schnell große Konflikte.

Mit den folgenden Instrumenten sorgen Sie für eine **gute Beziehungsebene** – davon profitieren auch die Elternkontakte, die Sie bereits heute als „schwierig" empfinden.

Klima des Willkommens

Zeigen Sie den Eltern bei jeder Gelegenheit, dass sie in der Kita ebenso willkommen sind, wie ihre Kinder, z. B. mit:

- ✔ freundlichen Worten, etwa beim Bringen und Holen,
- ✔ Lob und Anerkennung für das Kind, etwa indem Sie beschreiben, was heute gut geklappt hat,

- ✔ kleinen Gesten, wie einem Lächeln,
- ✔ persönlich gestalteten Einladungen zu Festen und Veranstaltungen,
- ✔ einem Dankeschön, auch für Anregung und Kritik,
- ✔ Raum für Begegnungen, z. B. in Form einer Kaffee-Ecke für Eltern,
- ✔ Zeit zum Austausch über Alltagsdinge, z. B. in Form von Tür-und-Angel-Gesprächen,
- ✔ indem Sie Eltern einbeziehen, wo immer es möglich ist.

Richten Sie besonderes Augenmerk auf diejenigen Eltern, die Sie seltener sehen oder die zurückhaltend wirken.

■ Gestalten Sie Ihre Arbeit so, dass die Eltern sich stets willkommen fühlen und gern zu Ihnen kommen.

Transparent sein

Mit gut aufbereiteten Informationen, die sich an ihren Interessen ausrichten und den Alltag sowie die pädagogische Arbeit der Kita transparent machen, lassen Sie Eltern am Kita-Alltag teilhaben. Diese Informationen können in Form von Portfolioarbeit erfolgen, als Elternbrief schriftlich aufbereitet oder mündlich übermittelt werden. Sie werden z. B. bei der Anmeldung, bei Gesprächen oder beim Elternabend weitergegeben. Wichtig ist, dass die grundlegende Bereitschaft zum Gespräch ebenso wie die wertschätzende Haltung den Familien gegenüber von Anfang an sichtbar ist und bleibt – auch im Konfliktfall.

TIPP

Lassen Sie sich nicht irritieren oder verängstigen, wenn Eltern zurückhaltend oder abweisend auftreten. Alle Eltern wünschen sich, dass ihre Erziehungsleistung und die Tatsache, dass sie das Beste für ihr Kind wollen, anerkannt werden – auch oder gerade wenn Probleme auftauchen.

Persönliche Begegnungen

Schaffen Sie möglichst viele Gelegenheiten, bei denen Sie den Eltern persönlich begegnen. Das wird nicht alle gleichermaßen erreichen – wichtig ist aber, dass die Möglichkeit zum persönlichen Austausch zu unterschiedlichen Zeiten und Anlässen besteht, z. B.

- ✔ beim Bringen und Holen,
- ✔ durch regelmäßige Entwicklungsgespräche und Elternabende,
- ✔ durch besondere Angebote an Väter, Mütter, Großeltern, Familien,
- ✔ bei Elternworkshops und gemeinsamen Fortbildungen,
- ✔ durch gemeinsame Aktionen.

Auch wenn es Zeit kostet und manchmal mit Aufwand und vielleicht sogar Anstrengung verbunden ist – bei solchen Kontakten wachsen Vertrauen und Nähe, die im Konfliktfall dafür sorgen, dass Sie statt eines Konfliktgesprächs ein konstruktives Gespräch führen. Alle anderen Wege der Kommunikation und Präsentation nach außen – Leitbild, Homepage, Elternbriefe, Konzeption, Schwarzes Brett – sind auch wichtig. Doch nur, wenn das Klima in der Kita stimmt, wenn Eltern sich trauen, Vorschläge einzubringen, Schwächen zuzugeben und Fragen zu stellen, wenn Erzieher ohne Angst oder Arroganz auftreten, kann Kommunikation auch auf allen anderen Ebenen funktionieren.

Interesse zeigen

Gesehen und akzeptiert werden, so wie man ist – das ist ein Grundbedürfnis vieler Menschen. Zeigen Sie im Gespräch deshalb eindeutig Interesse und Wertschätzung für den Standpunkt der Eltern. Denken Sie daran: Zu einem gelungenen Gespräch gehören immer (mindestens) zwei. Wenn Sie im Elterngespräch nur Ihr eigenes Programm abspulen, ohne auf Ihr Gegenüber einzugehen, müssen Sie damit rechnen, dass Eltern verärgert reagieren, sich nicht verstanden fühlen oder sich aus dem Gespräch ausklinken. Schlimmstenfalls nehmen solche Eltern das nächste Gesprächsangebot nicht mehr wahr.

Dazu gehört übrigens auch, andere Sichtweisen zu akzeptieren, auch wenn sie nicht mit den eigenen übereinstimmen.

Beispiel

Mutter: „Schon wieder fällt das gemeinsame Einkaufen auf dem Wochenmarkt aus, weil eine Kollegin krank ist. Das regt mich total auf!"

Erzieherin: „Es gibt überhaupt keinen Grund sich aufzuregen."

Mutter: „Also hören Sie mal, natürlich rege ich mich auf!"

Sicher können Sie sich vorstellen, wie dieses Gespräch weitergeht. Eine Spirale aus „Stimmt nicht!" – „Stimmt doch!" vermeiden Sie, wenn Sie, statt zu widersprechen und den eigenen Standpunkt dagegenzusetzen, das Anliegen des Gegenübers erst einmal ausdrücklich würdigen.

Erzieherin: „Ich verstehe, dass Sie sich ärgern. Ich weiß, dass Luisa das Einkaufen immer besonders viel Spaß macht. Wir sind auch nicht glücklich über die Situation, ich verspreche Ihnen aber, dass wir das Einkaufen nachholen, sobald es möglich ist. Und in der Kita wollen wir in dieser Woche als Ersatz zusammen frühstücken."

Verstehen bedeutet nicht zustimmen! Aber indem Sie der Mutter ihre Sicht der Dinge zugestehen, nehmen Sie Druck aus der Unterhaltung und zeigen, dass Sie ihre Meinung ernst nehmen. So entsteht die tragfähige Basis für eine konstruktive Unterhaltung.

Im Elterngespräch zeigen Sie Interesse, indem Sie:

- *Fragen stellen und zuhören,*
- *den Gesprächspartner zu Wort kommen lassen,*
- *sich durch Nachfragen vergewissern, richtig verstanden zu haben,*
- *nicht sofort abstreiten oder Kritik zurückweisen,*
- *keine vorgefertigten Lösungen parat haben, sondern ergebnisoffen sind,*
- *Gehörtes zusammenfassen,*
- *Eltern als Experten fürs eigene Kind wertschätzen.*

Voraussetzungen für gute Elterngespräche

Reflexion über die eigene Rolle

Im Umgang mit den Eltern sind Sie der Profi. Es ist Ihre Aufgabe, im Gespräch eine Atmosphäre der Wertschätzung und des gegenseitigen Respekts zu schaffen, die Sicherheit vermittelt und in der die Gesprächspartner das Wesentliche nicht aus den Augen verlieren – das Wohl des Kindes.

Je mehr Sie dabei über Ihre eigenen Beweggründe wissen, desto eher verstehen Sie, warum Sie in manchen Situationen so und nicht anders reagieren. Das zu erkennen und hinderliche Verhaltensmuster zu verändern, funktioniert nicht über Nacht. Je mehr Sie aber darüber wissen, wie Kommunikation funktioniert, desto leichter fällt Ihnen der konstruktive Austausch mit Eltern und anderen Gesprächspartnern.

Nun lässt sich Sicherheit nicht durch Knopfdruck an- oder ausknipsen. Sie lässt sich aber durchaus trainieren. Ein erster Schritt stellt dabei die Klarheit über die eigene Befindlichkeit dar. Vor einem schwierigen Gespräch hilft deshalb eine Reflexion.

Übung: Die eigene Rolle reflektieren

Beim Blick auf die eigene Rolle im Gespräch können Ihnen diese Fragen helfen. Beantworten Sie sie für sich allein oder diskutieren Sie im Team darüber:

- *Was ist meine Motivation bei der Arbeit? Warum übe ich meinen Beruf gern aus?*
- *Wo liegen meine persönlichen Stärken im Beruf? Was fällt mir leicht?*
- *Wie ist mein Verhältnis zu den Eltern? Wie geht es mir mit ihnen?*
- *Respektiere ich die Eltern als Experten fürs eigene Kind?*
- *Welche Gesprächssituationen in meinem Berufsalltag empfinde ich als problematisch? Wie reagiere ich in der Regel?*
- *Welches Verhalten in schwierigen Gesprächen hat mir in letzter Zeit geholfen? Was würde ich wieder tun?*

Weitere hilfreiche Strategien für mehr Selbstbewusstsein und Kommunikationsfähigkeit:

Das innere Drehbuch umschreiben

Im Konfliktfall fällt es nicht leicht – versuchen Sie aber dennoch, die Eltern nicht als Gegner zu sehen. Mit der Einstellung von „Wir" und „Die" kommen Sie im Konfliktfall kaum zu einer einvernehmlichen Lösung. Wahrscheinlicher ist ein Machtkampf, der damit endet, dass einer klein beigeben muss, der Konflikt eskaliert oder die Parteien sich ohne Konfliktlösung zurückziehen. Alle drei Möglichkeiten sind unausweichlich mit einem Gesichtsverlust einer Partei verbunden und führen zu einer gestörten Atmosphäre, die Ihre Arbeit auf lange Dauer behindert. Das innere Drehbuch umzuschreiben, bedeutet, ein Umdenken hin zu einer veränderten Einstellung den Eltern gegenüber. Nehmen Sie Eltern und ihre Gefühle, Einwände und Beschwerden ernst, auch wenn Sie nicht mit ihnen übereinstimmen.

***Innere Motivationssprüche** können helfen, das Drehbuch neu zu schreiben:*
„Ich nehme das nicht persönlich."
„Ich bin ruhig und gelassen."
„Die Eltern wollen nur das Beste für ihr Kind."

Authentisch sein

Authentisch heißt so viel wie „echt sein". Ein authentisches Auftreten bedeutet also, dass Sie sich nicht verstellen und nicht versuchen, etwas vorzuspielen, das Ihnen nicht entspricht oder das Sie gar nicht so meinen. Authentisch sind Sie auch dann, wenn Sie Ihre Gefühle zulassen. Gespräche mit Eltern sind oft sehr emotional, weil es darin um die Kinder geht. Unterschiedliche Ansichten über Erziehungsfragen, Entwicklungsprobleme oder Auseinandersetzungen mit anderen Kindern sind Themen, die Eltern nur schwer sachlich besprechen können. Gelingt es Ihnen, die eigenen Gefühle bewusst wahrzunehmen, können Sie besser und professioneller auf die der Eltern eingehen und das Gespräch auf der Ebene der gegenseitigen Beziehung erfolgreich führen.

Authentisches Verhalten heißt übrigens nicht, die Eltern an all Ihren inneren Konflikten teilhaben zu lassen oder in jeder Situation genau das zu sagen, was Ihnen gerade durch den Kopf geht. Schließlich ist und bleibt das Verhältnis zwischen Kita und Elternhaus ein professionelles. Authentisch aufzutreten, heißt vielmehr, dass Sie keine falsche Fassade aufbauen, sondern im Elterngespräch im Einklang mit Ihrer eigenen Persönlichkeit agieren.

Sich klar darüber sein, was Sie bewirken können – und was nicht

Menschen in sozialen Berufen tendieren zur Selbstüberschätzung, weil sie sich zu viel aufladen. Bei aller Empathie für Eltern und Kinder sollten Sie aber nicht aus den Augen verlieren, wo die Grenzen dieses Verhältnisses liegen:

- ✔ Auch wenn Ihnen bestimmte Maßnahmen für ein Kind besonders am Herzen liegen, gegen den Willen der Eltern lassen sie sich nicht durchsetzen.
- ✔ Mit einigen Eltern werden Sie nie so warm werden, wie mit anderen. Bei aller Professionalität ist das nur menschlich.
- ✔ Dauerhafte Erreichbarkeit, auch abends oder am Wochenende, hält auf die Dauer keine pädagogische Fachkraft aus.

Wo die eigenen Grenzen liegen, ist von Erzieher zu Erzieher unterschiedlich. Jeder sollte für sich ein Gefühl dafür entwickeln und austesten, wo seine Grenzen sind. Die Herausforderung besteht dann darin, Grenzen zu akzeptieren und durchzusetzen. Hier gilt es, den Mut aufzubringen und sich zu trauen, seine Grenzen zu wahren und konsequent damit umzugehen.

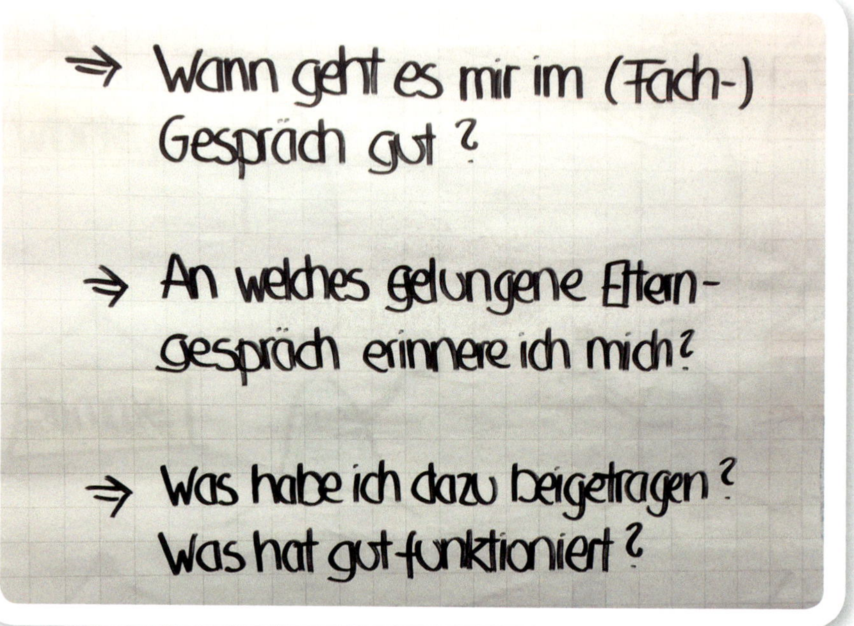

Reflexion kann helfen, das eigene Verhalten besser zu erkennen und Ressourcen zu identifizieren.

Förderliche Rahmenbedingungen

Eine gute Vorbereitung ist bei schwierigen Gesprächssituationen essenziell. Dazu gehört nicht nur, dass Sie alle erforderlichen Unterlagen bereitlegen, sich selbst mental vorbereiten und Ihre Gesprächsziele und Argumente vergegenwärtigen.

Besondere Beachtung verdienen auch die Rahmenbedingungen – Raum, Sitzordnung, Begrüßung etc. Sie sind gewissermaßen der Hintergrund, vor dem das Gespräch stattfindet. Wenn dieser Hintergrund hell und freundlich oder ungepflegt und wenig einladend wirkt, wirkt sich das auch auf die Haltung der Beteiligten im Gespräch aus. Als förderlich für einen guten Gesprächsauftakt haben sich folgende Faktoren erwiesen:

- ✔ **Ungestörtheit** wird für alle Beteiligten ersichtlich durch ein Hinweisschild „Bitte nicht stören. Hier findet ein Gespräch statt", das Sie an die Tür hängen. Denken Sie auch daran, das Telefon stumm zu schalten.
- ✔ **Ausreichend Zeit**: Ca. 30 bis 50 Minuten sind auch für ein Konfliktgespräch ausreichend, viel länger hält die Konzentration ohnehin nicht. Bei Inhalten, die in dieser Zeit nicht behandelt werden können, können Sie lieber einen zweiten Termin zur Fortsetzung vereinbaren.
- ✔ **Angenehmes Ambiente**, z. B. in Form von Ordnung, dezenter Dekoration, gut gelüftetem Raum, natürlichem Licht bzw. ausreichender, nicht zu greller Beleuchtung.
- ✔ **Sitzmöbel**, auf denen Erwachsene gern und gut sitzen – eine bequeme Sitzecke oder vergleichbare Möbel laden dazu ein.
- ✔ Kleine **Erfrischungen**, wie Kaffee, Tee oder Wasser für zwischendurch.

TIPP

In schwierigen Gesprächen kann es leicht passieren, dass sich die Beteiligten in Grundsatzfragen verstricken oder an Einzelheiten abarbeiten, ohne dass Ergebnisse erreicht werden. Halten Sie sich daher an den vorgesehenen und verabredeten Zeitrahmen! Was Sie in einer Stunde nicht geklärt haben, wird auch danach nicht klarer.

Alle Unterlagen bereit zu haben, gehört zu einer guten Vorbereitung.

TIPP

Überlassen Sie den Eltern die Entscheidung, wo sie sitzen wollen. Damit zeigen Sie nicht nur Souveränität und Höflichkeit, Sie tragen auch dazu bei, dass sich Ihre Gesprächspartner wohlfühlen. Bemerken Sie während des Gesprächs ein Unbehagen der Eltern mit der Sitzverteilung, sollten Sie das ansprechen und korrigieren.

Über-Eck-Sitzen ermöglicht, dass beide Gesprächspartner die Unterlagen gut einsehen können.

Wie ich sitze, so fühle ich mich

Auch die Sitzordnung beeinflusst, wie sich die Gesprächspartner fühlen. Generell wirkt eine frontale Anordnung, bei der der Erzieher hinter einem Schreibtisch Platz nimmt, während die Eltern (allein oder als Paar) davorsitzen, eher konfrontativ. Das gemeinsame Platznehmen am Tisch oder in der Sitzecke unterstreicht dagegen den kooperativen Charakter. Außerdem gilt, dass die räumliche Nähe auch die gefühlte Nähe der Beteiligten zueinander widerspiegelt. Ein größerer Sitzabstand oder ein Tisch zwischen den Gesprächspartnern kann ein Zeichen für mehr professionelle Distanz sein, während beim „Über-Eck-Sitzen" eine emotionale Nähe empfunden wird.

Als Gastgeberin haben Sie es also ein Stück weit in der Hand, die Atmosphäre über die Sitzordnung zu steuern. Es mag Anlässe geben, zu denen eine Gegenüber-Anordnung Sinn macht – etwa, wenn bereits zuvor Gesprächstermine stattgefunden haben und Sie mit Konfrontation rechnen. Ein Platznehmen am Schreibtisch mit ein paar Unterlagen als „Schutzmauer" zwischen Erzieher und Eltern kann dann durchaus wie ein Schutzschild wirken und Ihnen die gewünschte Sicherheit vermitteln.

Ob Sie den Eltern gegenübersitzen möchten oder eine Über-Eck-Anordnung bevorzugen, hängt neben dem Gesprächsanlass auch von den Gegebenheiten in der Kita ab. Achten Sie dennoch einmal bewusst darauf, wie sich bestimmte Sitzpositionen anfühlen – am besten, Sie probieren das in einer ruhigen Minute mit den Kolleginnen aus. Die meisten Menschen haben ein gutes Empfinden für Nähe und Distanz. Es lohnt sich also, auf die eigenen Gefühle zu hören und im Einzelfall lieber den Stuhl noch einmal zu verrücken, als in einer als unangenehm empfundenen Position auszuharren.

In jedem Fall sollte die Sitzposition ermöglichen, dass Sie Ihre Gesprächspartner anschauen können, ohne dauernd den Kopf von rechts nach links zu wenden, und dass alle Teilnehmer mitgebrachte Unterlagen gut einsehen können.

Falls Ihre Einrichtung über keinen passenden Raum verfügt, können vielleicht Räume außerhalb genutzt werden – im Gemeindehaus, Familienzentrum oder Rathaus.

Instrumente der Gesprächsführung

Konstruktive Gespräche zwischen Eltern und Erzieherinnen finden auf Augenhöhe in einer wertschätzenden Atmosphäre statt – selbst wenn die Meinungen auseinandergehen. Gerade in schwierigen Gesprächssituationen ist es immens wichtig, nicht in eine Negativspirale aus gegenseitigen Anschuldigungen oder Abstreiten zu verfallen, sondern konstruktiv und respektvoll miteinander umzugehen. Als Gesprächsleitung liegt es auch an Ihnen, eine solche Atmosphäre zu schaffen.

Eines wurde auf den letzten Seiten immer wieder deutlich: Die richtige Einstellung, getragen von Akzeptanz und Wertschätzung, ist die Grundvoraussetzung für gelungene Elterngespräche. Aber wie lässt sich diese Einstellung im Gespräch konkret vermitteln?

Aktives Zuhören

Akzeptanz und Wertschätzung erleben wir vor allem dann, wenn jemand uns sein Interesse zeigt. Echtes Interesse wirkt ausgesprochen kommunikationsfördernd und stellt deshalb einen der wichtigsten Bausteine für eine vertrauensvolle Beziehung dar. Konkret kommt es im Gespräch durch Zuhören zum Ausdruck. Wer einem anderen gut zuhört, zeigt damit: „Du bist mir wichtig. Ich möchte wissen, was du denkst." Dieses bewusst eingesetzte Zuhören heißt „aktives Zuhören".

In schwierigen Gesprächen kommt diese Gesprächstechnik zum Einsatz, wenn Eltern ihre Sicht der Dinge schildern, z. B. um ein Problem, ein Anliegen oder eine Situation genau zu beschreiben. Sollten starke Gefühle, wie Wut, Trauer, Verzweiflung oder Ratlosigkeit im Spiel sein, stellt das genaue, aktive Zuhören eine sinnvolle Gesprächstechnik dar.
Einer Mutter, die völlig aufgelöst vor Ihnen sitzt, hören Sie erst einmal zu, statt mit guten Ratschlägen vorzupreschen. Einem Vater, der vor Wut „kocht", geben Sie besser die Gelegenheit, „Dampf abzulassen", indem Sie seinem Anliegen zuhören, statt mit Verteidigung oder Gegenangriffen die Stimmung weiter aufzuheizen.

Beim aktiven Zuhören geht es vor allem darum, nicht vorschnell mit eigenen Bewertungen und Vorschlägen zur Stelle zu sein, auch wenn das verlockend sein mag, um eine schwierige Situation zu entschärfen. Doch oft führen gut gemeinte Lösungsvorschläge und Schlachtpläne zu Missverständnissen, weil wir nur annehmen, ein Problem erkannt zu haben, und eine ganz falsche Lösung anbieten. Oder das Gespräch versandet im Banalen, weil sich der Gesprächspartner falsch verstanden fühlt, sich aber nicht traut, auf seinem Anliegen zu beharren.

> ***TIPP***
>
> *Besonders Menschen in sozialen Berufen fällt es nicht leicht, sich selbst erst einmal zurücknehmen und keine Lösungen anzubieten. Schließlich haben wir oft den Eindruck, dass die Eltern genau das erwarten. Richtiges „aktives" Zuhören kann die Gesprächsleitung also auch entlasten, weil der Gesprächspartner damit in die Lage versetzt wird, eigene Lösungen zu finden.*

So setzen Sie aktives Zuhören in einem schwierigen Gespräch ein:

1. Aufmerksamkeit signalisieren

Ob Sie zuhören, kann man Ihnen nicht ansehen. Zeigen Sie Ihrem Gesprächspartner darum, dass Sie „ganz Ohr" sind, durch:

- ✔ Nicken,
- ✔ Blickkontakt,
- ✔ leichtes Vorbeugen,
- ✔ bestätigende Laute wie „aha", „mh", „ach so", „Und dann?"
- ✔ Wiederholen einzelner Worte bzw. des Satzendes.

2. Verständnis überprüfen durch Wiederholen

Statt die letzten Worte „wie ein Papagei" zu wiederholen, können Sie das Gehörte in eigenen Worten zusammenfassen. Oft wird das als Frage formuliert, evtl. mit dem Zusatz „Habe ich Sie richtig verstanden?" oder „Das hört sich an, als ob …". Damit zeigen Sie, dass Sie aufmerksam zuhören, und eröffnen dem anderen gleichzeitig die Möglichkeit, zu widersprechen und ggf. zu korrigieren. Diese Technik, etwas Gesagtes mit eigenen Worten zu wiederholen, wird auch „Paraphrasieren" genannt. Hier ein Beispiel:

Beispiel

Mutter: „Dass die Kinder immer noch malen, statt mal Buchstaben zu üben, finde ich schon fast sträflich."

Erzieherin: „Verstehe ich Sie richtig, dass Sie sich wünschen, wir würden mit den Kindern Schreiben üben?"

3. Gefühle in Worte fassen

Jede Aussage hat eine Sach- und eine Gefühlsebene. Selbst in rein sachlichen Gesprächen werden immer Gefühle mitgeteilt. Wer zu verstehen gibt, dass er auch diese Ebene erfasst, zeigt echtes Verständnis. Dazu werden die Emotionen in Worte gefasst, die hinter einer Botschaft vermutet werden, z. B. so:

Beispiel

- *Vater: „Ich sehe ja, dass Mattis versucht, mit den anderen Kindern in Kontakt zu kommen. Aber es bringt ja nichts, er steht trotzdem immer allein da."*
  Erzieherin: „Es bedrückt Sie, dass er keinen Anschluss findet?" Oder: „Sie fühlen sich jetzt gerade ganz hilflos, weil Sie ihm nicht helfen können?"
- *Mutter: „Klara wird hier in dieser Einrichtung nicht richtig auf die Schule vorbereitet! Was soll das?"*
  Erzieherin: „Sie befürchten, dass sie nicht alles mitbekommt, was sie für einen guten Start braucht?"

Aktives Zuhören ist keine Technik, die Sie über einen langen Zeitraum ununterbrochen anwenden können. Die Eltern würden sich vermutlich nicht ernst genommen fühlen, wenn Sie es täten. Sinnvoll ist es jedoch, um dem Gesprächspartner Interesse zu zeigen, wenn jemand seinen eigenen Standpunkt darlegen soll oder in Konfliktsituationen erst einmal „Dampf abgelassen" werden muss.

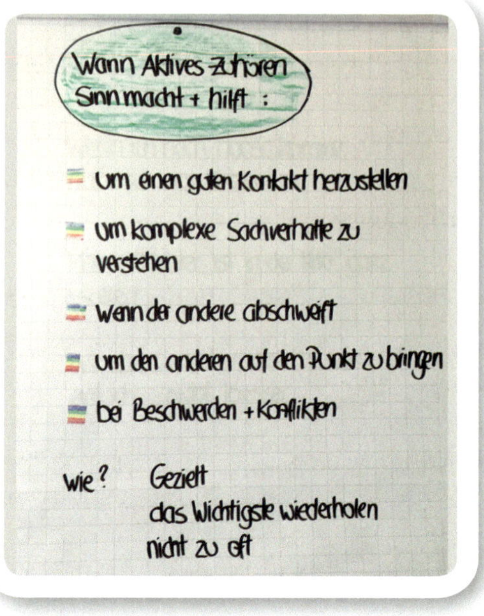

Aktives Zuhören sollte nur gelegentlich und gezielt eingesetzt werden.

Mit Fragen steuern

Nachfragen ist ein hilfreiches Instrument, um Interesse zu signalisieren, aber auch um Missverständnisse zu vermeiden. So ist das Hinterfragen von Aussagen oder Begriffen nützlich, um Situationen und Meinungen einordnen zu können und eigene (Fehl-)Interpretationen zu vermeiden:

Beispiel

- *„Können Sie näher beschreiben, was passiert, wenn Ihr Mann ausrastet?"*
- *„Was meinen Sie genau, wenn Sie Leon als Nervensäge bezeichnen?"*
- *„Was müsste sich ändern, damit Sie sicher sind, dass es Yeliz in der Gruppe gut geht?"*

Offene und geschlossene Fragen

Fragen können als offene oder geschlossene Fragetypen formuliert werden. Kurz gesagt, eignen sich geschlossene Fragen (auch Ja-Nein-Fragen genannt), um Übereinstimmung herzustellen („Ist dieser Punkt für Sie damit ausreichend geklärt?") oder um ein Gespräch abzuschließen.

Offene Fragen (auch W-Fragen genannt) dagegen eignen sich gut, um Informationen zu sammeln oder um den Gesprächspartner in die Unterhaltung einzubeziehen. Versuchen Sie, Wie- oder Was-Fragen zu stellen, die Eltern anregen, über das Erlebte und das eigene Empfinden nachzudenken:

- *„Wie sieht Ihr Morgenrhythmus mit den Kindern aus?"*
- *„Was passiert genau, wenn Leon bockig ist?"*
- *„Wie geht es Ihrem Kind?"*

Vermeiden Sie Warum-Fragen, die leicht eine Rechtfertigung provozieren und die Eltern in eine Verteidigungshaltung drücken können:

- *„Warum schaffen Sie es nicht, Lisa pünktlich zu bringen?"*

Gerade in Gesprächen, in denen es darum geht, die Eltern in schwierigen Situationen zu unterstützen, sind Fragen ein hilfreiches Instrument: Sie bringen den Befragten dazu, sich mit einer Thematik auseinanderzusetzen und zu einer Problemlösung zu finden. Solche selbst erarbeiteten Lösungen sind in der Regel effektiver als von außen vorgesetzte Ratschläge, auch wenn sie noch so gut gemeint und fachlich fundiert sind: Eigene Lösungen passen besser zu denjenigen, die sie umsetzen sollen.
Außerdem werden dabei das Verantwortungsbewusstsein und die Lösungsfähigkeit der Eltern aktiviert. So bleibt das Verhältnis auf Augenhöhe gewahrt.

Hilfreiche Fragen in schwierigen Gesprächen

- *„Wie beurteilen Sie die Situation?"*
- *„Wo sehen Sie die Ursachen?"*
- *„Was haben Sie bisher unternommen?"*
- *„Was könnte helfen, das Problem zu lösen?"*
- *„Wann tritt das Problem meistens auf?"*
- *„Wann ist das zum ersten Mal passiert?"*
- *„Was sind die Punkte, die Sie am meisten stören?"*
- *„Wer leidet am meisten unter der Situation?"*
- *„Womit kann ich Ihnen helfen?"*

Mit Ich-Botschaften Klartext reden

Ein Gespräch besteht immer aus mehreren Phasen, die einander abwechseln und die je nach Anlass unterschiedlich gewichtet sind. In schwierigen Gesprächen kommt es in der Regel nicht nur darauf an, den anderen zu verstehen und zuzuhören, sondern auch darauf, den eigenen Standpunkt zu vertreten. Als schwierig empfinden viele Erzieher das vor allem dann, wenn sie den Eltern Sachverhalte mitzuteilen haben, bei denen sie voraussichtlich auf Widerstand stoßen werden. Das ist durchaus verständlich. Niemand lässt sich gern belehren oder hört, dass sein Verhalten sich ändern sollte. Auch Mitteilungen über Probleme des Kindes, gleich welcher Art, sind für Eltern nicht erfreulich. Viele fühlen sich davon sogar persönlich angegriffen und reagieren entsprechend abwehrend.

Gerade wenn kontroverse oder unerfreuliche Sachverhalte auf der Tagesordnung stehen, sollten Sie darauf achten, Unterstellungen, Vorwürfe und Beschuldigungen zu vermeiden. Aus Angst vor der Konfrontation nutzen wir aber leicht diesen „Kunstgriff" und schieben dem Gegenüber die Verantwortung für eine bestimmte Situation zu.

Beispiel

- *„Du könntest den Bewegungsraum auch mal ordentlich hinterlassen, immer ist das hier so ein Saustall", beschwert sich eine Erzieherin bei ihrem Kollegen.*
- *„Wenn Sie Maxi immer nur süße Sachen als Frühstück mitgeben, verdirbt er sich noch ganz die Zähne", sagt die Erzieherin zur Mutter.*
- *„Lisa kommt immer zu spät und kann dann nicht am Morgenkreis teilnehmen", beschwert sich die Gruppenerzieherin.*

Jede dieser Aussagen stellt den anderen als „Täter" dar und wirkt abwertend oder anklagend. Darauf reagieren die meisten Menschen mit Abstreiten, Verteidigung oder sogar mit einem Gegenangriff:

Beispiel

- *„Jetzt reg dich doch nicht gleich wieder auf, du gehst schon wieder wegen einer Kleinigkeit in die Luft." (Gegenangriff)*
- *„Das war nur gestern, sonst kriegt er eigentlich immer nur Obst. Ich schaff es einfach nicht, ihm ein Brot zu schmieren. Morgens ist es zeitlich so knapp bei uns." (Leugnen, Rechtfertigen)*
- *„Da ist sie aber nicht die einzige. Außerdem fällt der Morgenkreis sowieso dauernd aus, weil wieder mal jemand aus dem Team krank ist." (Runterspielen, Gegenangriff)*

Aussagen, die den anderen ins Zentrum rücken, beginnen oft mit einem „Du" und heißen deshalb „Du-Botschaften". Sie rufen schnell Abwehr hervor und sind nicht geeignet, um konstruktiv miteinander zu sprechen. Gekoppelt sind die Du-Botschaften oft mit Verallgemeinerungen (immer, nie, auch mal, schon wieder, jedes Mal).

Ich-Botschaften formulieren

Wie lassen sich also schwierige Sachverhalte ansprechen, ohne den anderen anzugreifen? Hilfreicher als Du-Botschaften sind in solchen Situationen die sog. „Ich-Botschaften". Auch sie benennen ein Problem ganz deutlich. Statt beim Gegenüber setzen sie jedoch beim Sprecher selbst an. Wer aus der Ich-Perspektive spricht, greift sein Gegenüber nicht an, sondern schildert die Sachlage aus der eigenen Perspektive. Im übertragenen Sinn übernimmt er damit die Verantwortung für ein Problem, statt sie dem anderen zu übertragen.

Beispiel

„Ich mache mir Sorgen wegen Lisa. Sie verpasst morgens den Einstieg in den Tag, weil sie oft so spät kommt. Wäre es möglich, dass Sie sie bis 8:00 Uhr bringen? Dann kann sie mit allen anderen am Morgenkreis teilnehmen. Das wäre für Lisa eine große Hilfe."

Bleibt der (empfundene) Angriff aus, hat der Gesprächspartner die Möglichkeit, sachlich zu reagieren, und kann ggf. eigenes Fehlverhalten ohne Gesichtsverlust eingestehen. Am besten funktioniert das, wenn sich die Botschaft aus drei Elementen zusammensetzt:

1. Sachlage beschreiben

Die Situation bzw. das störende Verhalten wird aus der eigenen Sicht konkret und ohne Vorwurf beschrieben. Benutzen Sie dabei Formulierungen wie „Mir fällt auf", „Ich habe den Eindruck", „Kann es sein, dass ..." und verstecken Sie Ihre Beobachtungen nicht hinter unpersönlichen Formulierungen wie „alle", „man", „jeder", „es ist offensichtlich, dass ...". Damit machen Sie deutlich, dass Sie keine absoluten Wahrheiten, sondern Ihren persönlichen Standpunkt vertreten. Wichtig ist die konkrete Beschreibung. Verzichten Sie auf Verallgemeinerungen wie „immer", „nie", „typisch", „wieder" etc. Bleiben Sie stattdessen konkret und beziehen sich auf aktuelle Vorkommnisse.

2. Auswirkungen schildern

Sagen Sie konkret, welche Folgen die Situation für Sie bzw. für das Kind hat. Treten z. B. Schwierigkeiten mit anderen auf? Kann es schwer zur Ruhe kommen? Oder, auf Sie bezogen, haben Sie zusätzliche Arbeit? Was passiert mit Ihnen durch die Situation?

3. Gefühle ausdrücken

Beschreiben Sie, welche Gefühle die Situation bei Ihnen auslöst. Sind Sie verärgert, ratlos, wütend, besorgt? Fühlen Sie sich hilflos, ausgeliefert, überrascht, sprachlos?

Gut zu wissen: *Nicht immer müssen alle drei Elemente ausgesprochen werden. Im Elterngespräch unterbleibt oft der dritte Schritt.*

Beispiel

- *Du-Botschaft: „Du könntest den Bewegungsraum auch mal sauber hinterlassen."*
  Ich-Botschaft: „Ich habe den Bewegungsraum in den letzten beiden Wochen dreimal unaufgeräumt vorgefunden. Dann kann ich darin nicht arbeiten und muss erst für Ordnung sorgen. Das ärgert mich."
- *Du-Botschaft: „Wenn Sie Maxi immer so süße Sachen mitgeben, verdirbt er sich noch ganz die Zähne."*
  Ich-Botschaft: „Mir ist aufgefallen, dass Maxi in dieser Woche jeden Tag Kuchen mitgebracht hat. Ich mache mir Sorgen, weil das schlecht für seine Zähne ist."
- *Du-Botschaft: „Du hättest wenigstens anrufen können, wenn du dich verspätest!"*
  Ich-Botschaft: „Ich habe mir Sorgen gemacht, weil du nicht zum abgemachten Zeitpunkt gekommen bist. Bitte ruf nächstes Mal an, damit ich Bescheid weiß."

Fazit

Gesprächstechniken wie aktives Zuhören, Fragen und Ich-Botschaften sind Hilfsmittel. Sie zu beherrschen, ist eine unabdingbare Voraussetzung für gelingende Elterngespräche, weil sie das eigene Repertoire an Handlungs- und Reaktionsmöglichkeiten vergrößern, Abläufe klarer machen und Sicherheit vermitteln. An dieser Stelle wurden sie nur angerissen. Allgemeine Ratgeber zur Gesprächsführung in Kita und Krippe, wie „Klare Worte finden", behandeln dieses wichtige Thema ausführlicher!

Gut vorbereitet ins Gespräch

Über die Methodenkompetenz in Sachen Gesprächsführung hinaus verleiht Ihnen eine gute inhaltliche Vorbereitung Sicherheit und Überzeugungskraft, die Sie im Gespräch ausstrahlen. Ihre Gesprächspartner werden darauf entsprechend reagieren. So kann sich ein Austausch entwickeln, der von gegenseitigem Respekt und Wertschätzung geprägt ist.

Zu einer guten inhaltlichen Vorbereitung gehört zunächst einmal, dass Sie sich über das Gesprächsziel im Klaren sind: Was wollen Sie auf jeden Fall erreichen (Maximalziel), was wäre „nice to have" (Minimalziel)? Auf S. 92/93 finden Sie eine Kopiervorlage, mit der Sie sich persönlich auf ein bevorstehendes Gespräch vorbereiten können.

Darüber hinaus stellen Sie einen kompetenten Auftritt sicher, indem Sie:

- ✔ die wichtigsten Punkte, die Sie ansprechen möchten, notiert haben (idealerweise in einer Form, die Sie den Eltern vorlegen können),
- ✔ neben den Zielen eventuell auch Argumente, die Sie vorbringen können, Fragen an die Eltern und mögliche Gegenargumente schriftlich festhalten,
- ✔ sich die Situation der Familie und ihre Ressourcen vergegenwärtigt haben,
- ✔ sich, falls notwendig, im Vorfeld mit Kolleginnen und ggf. weiteren Bezugspersonen über das Kind ausgetauscht haben,
- ✔ Handlungsoptionen und Ansprechpartner kennen und konkrete Informationen, wie z. B. Programm, Kontaktdaten, Wartezeiten, Voraussetzungen etc. zur Hand haben,
- ✔ alle weiteren notwendigen Unterlagen (z. B. Dokumentationen, Arbeiten des Kindes, Aufzeichnungen, Adressen von Beratungsinstitutionen o. Ä.) parat haben,
- ✔ eigene Gefühle wahrnehmen und Unsicherheit durch gute Vorbereitung entschärfen,
- ✔ Ihre Rolle als Gesprächsleitung bewusst annehmen und ausfüllen.

Auf einen Blick: Gesprächsvorbereitung

- *Das entsprechende Kind gezielt beobachten.*
- *Eigene Beobachtung mit Kollegen abgleichen.*
- *Den Gesprächsverlauf eventuell im Rollenspiel mit einer Kollegin proben.*
- *Unterlagen, wie Dokumentationsblätter, Portfolio etc. bereithalten.*
- *Gesprächsraster für ein Entwicklungsgespräch als Orientierung verwenden.*
- *Den erfolgreichen Gesprächsverlauf mental vorwegnehmen und sich vergegenwärtigen, wie Sie Ihr Gesprächsziel erreichen können.*
- *Gemeinsames Interesse bei der Suche nach Lösungen betonen.*
- *Nicht mehr reden als die Eltern. So bleibt die Partnerschaftlichkeit gewahrt.*

Die richtige Einstellung

Egal, wie das Gespräch verläuft und ob Sie Ihre Ziele erreichen oder ob noch weitere Gespräche anstehen, denken Sie auch daran:

- ✔ Letztlich liegt die Verantwortung für das Kind bei den Eltern.
- ✔ Sie sind diejenigen, die ihr Kind und die möglichen Ressourcen am besten kennen.
- ✔ Für die Eltern ist ein Gespräch über Probleme ihres Kindes immer mit dem eigenen Selbstwertgefühl verbunden. Vermeiden Sie daher alles, was die Eltern verletzt oder schwächt, auch wenn Sie inhaltlich unterschiedlicher Meinung sind.
- ✔ Übernehmen Sie nur den Teil der Verantwortung, der zu Ihrer Rolle als Erzieher gehört – nicht mehr, nicht weniger.
- ✔ Die Entscheidung liegt bei den Eltern, nicht bei Ihnen.

- ✔ Lassen Sie sich auf keinen Kampf mit den Eltern ein. Es geht nicht drum, auf jeden Fall den eigenen Standpunkt durchzusetzen oder recht zu haben, sondern um die (zweit-)beste Lösung für das Kind.

Gesprächsablauf planen

Gesprächstechniken, wie Fragen, Zuhören und Ich-Botschaften sowie das Wissen darüber, wie Kommunikation im Gespräch funktioniert, können Ihnen helfen, Elterngespräche erfolgreich zu führen.
Im Folgenden ist ein typischer Gesprächsablauf skizziert, in dem deutlich wird, an welcher Stelle die Gesprächstechniken gut eingesetzt werden können. Ein Raster, nach dem ein schwieriges Gespräch geführt werden kann, finden Sie außerdem im Anhang (s. S. 94/95).

Schritt 1: Begrüßung

Zu Beginn des Gesprächs kümmern Sie sich um die Beziehungsebene. Dazu gehört auch, im Vorfeld für einen angenehmen, störungsfreien Raum zu sorgen, genug Zeit zu haben und selbst gut vorbereitet zu sein. Mit der freundlichen Begrüßung und dem Dank für die Bereitschaft zum Gespräch stellen Sie einen guten Kontakt zu Mutter und/oder Vater her:

- *„Ich freue mich, dass Sie Zeit für unser Gespräch gefunden haben."*
- *„Herzlich willkommen, schön, dass Sie heute beide kommen konnten."*

Jetzt können Sie Ihre Erwartungen an das Gespräch mitteilen. Auch organisatorische Hinweise, z. B. die geplante Zeit, werden angesprochen.

Schritt 2: Eigener Standpunkt

Wenn Sie eingeladen haben, etwa um einen Sachverhalt oder ein Problem zu klären, beginnen Sie jetzt mit Ihrem eigenen Standpunkt (andernfalls oder falls es sich um einen Folgetermin handelt, kommen zuerst die Eltern zu Wort). Falls notwendig, begründen Sie Ihren Gesprächswunsch:

- *„Ich mache mir Sorgen/Gedanken, weil ..."*
- *„Mir ist aufgefallen, dass ..."*

Teilen Sie den Eltern danach mit, welches Ziel das Gespräch aus Ihrer Sicht hat. Setzen Sie an dieser Stelle vorwiegend Ich-Botschaften ein, um Ihren Standpunkt darzustellen:

- *„Ich habe Sie heute eingeladen, um mit Ihnen ..."*

Seien Sie konkret, beschreiben Sie die Situation und die Auswirkungen aus Ihrer Perspektive.

Schritt 3: Standpunkt des anderen

Nun ist es Zeit, auch den Standpunkt des Gesprächspartners einzuholen. Dazu eignen sich am besten offene Fragen und aktives Zuhören:

- *„Wie stellt sich die Situation für Sie dar?"*
- *„Was ich verstehe, ist ..."*

Versuchen Sie, Ihr Gegenüber zu verstehen, und signalisieren Sie Interesse und Wertschätzung für den Standpunkt des anderen – auch wenn sich dieser nicht mit Ihrer eigenen Meinung deckt. Fragen Sie nach, wenn Ihnen nicht alles deutlich ist, und geben Sie dem anderen ausreichend Raum, eigene Gedanken darzulegen und Ideen zu entwickeln. Hilfreich ist zudem, sich Notizen zu machen.

Schritt 4: Dialog

Wenn jeder den eigenen Standpunkt darlegen konnte, entwickelt sich ein Dialog, in dem es darum geht, zu Vereinbarungen zu kommen und ggf. Lösungen für ein Problem zu erarbeiten. Bei einem Gespräch über Probleme eines Kindes sollten Sie jetzt auch Zeit für die gemeinsame Suche nach Ursachen einplanen. Durch Nachfragen fordern Sie die Eltern auf, ihre Meinung zu den Ursachen des problematischen Verhaltens zu äußern.
In dieser Phase müssen Sie sowohl den eigenen Standpunkt vertreten (Ich-Botschaften) als auch auf die Bedürfnisse Ihres Gesprächspartners eingehen. Dabei ist es sinnvoll, immer wieder Zwischenergebnisse zusammenzufassen. Holen Sie die Erlaubnis des Gegenübers ein, wenn Sie etwas vorschlagen:

- *„Ist es Ihnen recht, wenn ..."*

Bringen Sie eigene Ideen respektvoll ein:

- *„Ich würde mich freuen, wenn …“*

Betonen Sie die Verantwortung der Eltern für ihr Kind und für die angestrebte Lösung:

- *„Ich möchte Sie zu nichts überreden …“*
- *„Es ist Ihre Entscheidung, ob …“*

Notieren Sie Lösungsansätze sichtbar für alle auf einem Blatt Papier oder Protokoll.

Schritt 5: Vereinbarung und Abschluss

Das Gespräch endet mit einer Vereinbarung bzw. dem Festhalten des Ergebnisses oder dem Ausblick auf die Zukunft.
Nun ist auch die Zeit, ein Gesprächsprotokoll gegenzeichnen zu lassen. Zum Schluss bedanken Sie sich für die Zeit und Gesprächsbereitschaft und sorgen damit für den positiven und eindeutigen Abschluss des Gesprächs.
Auf S. 96 finden Sie eine passende Kopiervorlage, mit der Sie ein Gespräch protokollieren können.

Am Ende des Gesprächs wird das Protokoll von beiden Gesprächspartnern unterzeichnet.

Einladung zum Gespräch

„Frau Meier wird sicher sauer reagieren, wenn ich anspreche, dass Frieda andere Kinder beißt." „Ich weiß gar nicht, wie ich den Eltern erklären soll, dass wir uns Gedanken um Maxis Entwicklung machen."

Bei Gesprächen, die wir als schwierig empfinden, besteht oft schon im Vorfeld eine Kontroverse zwischen den Gesprächspartnern. Das kann eine Meinungsverschiedenheit über pädagogische Fragen sein, eine Unzufriedenheit der Eltern oder eine andere Störung der Beziehung. Auch wenn wir eine bestimmte Reaktion der Eltern befürchten, werden Gespräche bereits im Vorfeld als „schwierig" eingestuft.

Erste Einladung zu einem „schwierigen" Gespräch

In diesen Fällen kommt schon der Einladung zum Gespräch große Bedeutung zu. Damit geben Sie die Richtung vor, in die sich die weitere Unterhaltung entwickeln kann. Handelt es sich um eine erste Kontaktaufnahme, z. B. weil die Erzieherin einen Anlass zum Gespräch sieht und vermeiden will, dass sich die Eltern Sorgen machen oder abblocken, sollte die Einladung klar sein, ohne den Inhalt des Gesprächs komplett vorwegzunehmen.

Zum Gespräch einladen

- *„Hallo Frau Meier, ich würde gern mit Ihnen sprechen. Wann passt es Ihnen denn?"*

Auf diese betont sachliche Einladung zum Gespräch, die den konkreten Anlass nicht klarmacht, wird die Mutter vermutlich besorgt reagieren:

- *„Wieso, ist was passiert?"*
- *„Nein, gar nichts, alles in Ordnung. Ich dachte nur, wir sollten mal über Friedas Verhalten in der Gruppe sprechen."*

Wenn die Erzieherin es so abwiegelt, verunsichert sie die Mutter eher, als sie zu beruhigen. Auch das eigentliche Anliegen wird so nicht deutlich.
Für Unsicherheit und Besorgnis würde sie auch mit dieser Reaktion sorgen:

- *„Mir ist etwas aufgefallen, was mir ziemliche Sorgen macht."*

Damit verbalisiert sie zwar ihr eigenes Unbehagen, lässt aber die Mutter im Unklaren über den Gesprächsinhalt.

Um Eltern, die zum Gespräch eingeladen werden, nicht unwissend über den Beweggrund zu lassen, ist es vielmehr empfehlenswert, deutlich zu sein:

- *„Mir ist aufgefallen, dass Frieda in einigen Situationen aggressiv auf die anderen Kinder in der Gruppe reagiert. Darüber würde ich gern mit Ihnen reden. Hätten Sie demnächst Zeit für ein Gespräch?"*

Wenn die Mutter nachfragt, kann die Erzieherin auf das anstehende Gespräch verweisen:

- *„Lassen Sie uns darüber in Ruhe reden. Wann passt es Ihnen denn?"*

Eltern ins Boot holen

Hilfreich kann es auch sein, die Eltern von Anfang an ehrlich und klar ins Boot zu holen:

- *„Ich habe in den letzten Wochen einige Beobachtungen gemacht, aus denen ich nicht so recht schlau werde. Manchmal ist Frieda sehr gut in die Gruppe integriert und freundlich zu anderen Kindern, dann reagiert sie wieder aggressiv. Ich hätte da gern Ihre Unterstützung, um sie besser zu verstehen."*

Wenn Sie dagegen mit einer positiven, möglicherweise überspitzten Beobachtung beginnen (s. u.) und dann erst auf den Gesprächswunsch kommen, fühlen sich die Eltern vielleicht hinters Licht geführt und reagieren verärgert oder beunruhigt:

- „Frieda malt neuerdings wie eine Weltmeisterin, das ist toll. Ich würde gern mal mit Ihnen über ihr Sozialverhalten sprechen, haben Sie nächste Woche Zeit für ein Gespräch?"

Fazit

Die Beunruhigung über den Gesprächswunsch können Sie den Eltern nicht ersparen. Jeder wird vermutlich nervös reagieren, wenn er zu einem Aussprachetermin eingeladen wird. Indem der Anlass benannt und um die Einwilligung zum Gespräch gebeten wird, nehmen Sie den Druck aus der Situation.

Nach einer Unstimmigkeit zum Gespräch einladen

Wenn bereits eine Unstimmigkeit im Raum steht, über die nun ein weiteres Mal gesprochen wird, geht es darum, mit der Einladung wieder eine gute Beziehung herzustellen. Das gelingt, indem der Erzieher sich auf das Vorhergegangene bezieht und die Störung anspricht.

Beispiel

- *„Wir sind gestern so abrupt auseinandergegangen, nachdem ich Sie auf Lisas Zuspätkommen angesprochen hatte. Ich fände es gut, wenn wir noch mal in Ruhe darüber sprechen. Was meinen Sie?"*
- *„Es tut mir leid, dass wir gestern aneinandergeraten sind. Ich würde das gern klären. Hätten Sie in den nächsten Tagen Zeit, um in Ruhe zu sprechen?"*
- *„Mir liegt auf der Seele, dass wir wegen ... so unterschiedlicher Meinung sind. Ich würde gern noch mal mit Ihnen darüber sprechen."*
- *„Nach unserem letzten Gespräch werde ich das Gefühl nicht los, dass da noch etwas im Raum steht. Ich würde gern noch mal in Ruhe mit Ihnen über ... sprechen. Was halten Sie davon?"*
- *„Sie haben in letzter Zeit morgens so wenig Zeit. Das finde ich schade, wir kommen gar nicht mehr dazu, uns über Lisa auszutauschen. Gibt es einen Grund dafür?"*
- *„Ich habe das Gefühl, Sie haben mich neulich missverstanden. Können wir uns noch einmal zusammensetzen? Ich würde das gern mit Ihnen klären."*

Ob die Gesprächsbitte eher sachlich vorgebracht wird, wie im ersten Beispiel (*„Wir sind abrupt auseinandergegangen"*), oder ob Bedauern ausgedrückt wird (*„Es tut mir leid", „Mir liegt auf der Seele"*), kommt auf Persönlichkeit und Situation an.
Gehen Sie grundsätzlich eher von Ihrem eigenen Empfinden und Ihrer Wahrnehmung aus (*„Ich habe das Gefühl", „Das finde ich schade"*), als den Eltern etwas zu unterstellen oder Druck aufzubauen (*„Wir müssen", „Sie haben das in den falschen Hals gekriegt", „Sie reagieren immer gleich so heftig, wenn ..."*).

Weniger geeignet, weil es leicht als bevormundend empfunden werden kann, sind unpersönliche Formulierungen, wie *„Im Interesse des Kindes"* oder *„Wir müssen noch mal über ... reden"*.

Fazit

Ein erfolgreiches, konstruktives Gespräch können Sie nur in einer wohlwollenden Atmosphäre führen, vor allem wenn die Inhalte sich schwierig anfühlen. Die Basis dafür legt die Einladung zum Gespräch.

Schwierige Gesprächssituationen

Umgang mit Aggressionen

Wenn Eltern (verbal) aggressiv werden

„Was denken Sie sich eigentlich dabei, meinen Sohn bei dem Wetter nach draußen zu schicken?", tobt Linos Mutter. Ohne Vorwarnung ist sie in den Gruppenraum gestürmt und steht jetzt direkt vor der Erzieherin Anna Lose. Ohne innezuhalten, fährt sie fort und wird dabei immer lauter: „So geht das einfach nicht. Sie sind doch für die Kinder verantwortlich! Ich will jetzt sofort mit der Leitung sprechen und mit Ihrem Träger auch. So was ist mir noch nie passiert, in all den Jahren, die wir jetzt schon in der Kita sind. Bei Frau Liesmann wäre das garantiert nicht vorgekommen!"

Wem ein solcher Angriff entgegenstürmt, der ist oft zunächst einmal sprachlos. Natürlich kommt es gelegentlich zu Meinungsverschiedenheiten zwischen Eltern und Erzieherinnen in der Kita. Meistens sind offene Anschuldigungen, Wut und erhobene Stimmen jedoch die Ausnahme. Viele Erzieher müssen sich eher mit nicht ausgesprochener Kritik und hinter der Hand geäußerten Meckereien als mit Geschrei und Aggressionen auseinandersetzen. Umso erschreckender ist es, wenn plötzlich eine wutentbrannte Mutter oder ein zorniger Vater im Raum steht.

Einen Angriff wehren wir instinktiv ab.

Unerwarteter Angriff

Aggressives Verhalten von Eltern tritt oft unerwartet auf. Gerade deshalb ist es wichtig, einige Strategien zu kennen und zu verinnerlichen, um die Gesprächssituationen mit aggressiven Eltern im Ernstfall zu entschärfen.

Im vorliegenden Fall könnte Erzieherin Anna auf verschiedene Weise auf die ärgerliche Mutter reagieren, z. B. so:

Beispiel

- *„In dem Ton lasse ich nicht mit mir reden. Wenn Sie mich so anbrüllen, ist die Unterhaltung gleich zu Ende." (Abwehr)*
- *„Das muss ich mir von Ihnen nicht sagen lassen. Sie kümmern sich doch selbst nicht um Ihre Kinder. Besorgen Sie doch endlich eine Matschhose, dann macht das schlechte Wetter auch nicht so viel aus." (Gegenangriff)*
- *„Ich bin grade erst gekommen und weiß gar nicht, worum es geht. Sprechen Sie doch bitte mit meiner Kollegin Lisa Schmidt." (Verantwortung abgeben)*
- *„Es wird schon nicht so schlimm sein. Schmeißen Sie die Sachen doch einfach in die Maschine, wenn Sie zu Hause sind." (Abwiegeln)*
- *„Sie sind die Einzige, die sich darüber aufregt, wenn ihr Kind mal schmutzig ist. Die anderen Mütter haben damit keine Probleme." (Ausgrenzen, Wahrnehmung der Mutter als falsch hinstellen)*
- *„Frau Specht, ich sehe, dass Sie ärgerlich sind. Wir sollten das auf alle Fälle sofort klären. Bitte sagen Sie mir doch erst einmal genau, was passiert ist." (Nachfragen)*

- *„Frau Specht, das sollten wir sofort klären. Ich verstehe, dass Sie aufgebracht sind. Aber bitte nicht hier vor den Kindern. Lassen Sie uns lieber ins Büro gehen, da sind wir ungestört. Am besten, ich hole noch meine Kollegin Lisa dazu, die war heute Morgen in der Gruppe und kann uns helfen." (Zeit gewinnen, Verständnis zeigen)*

Nicht jede Reaktion eignet sich gleich gut, um die angeheizte Situation zu entschärfen und zu einer Lösung beizutragen. Bei den ersten fünf Möglichkeiten reagiert die Erzieherin instinktiv mit verschiedenen Verteidigungsmechanismen, um den Angriff abzuwehren. Das ist menschlich, in der konkreten Situation aber wenig zielführend. Hilfreicher sind die Reaktionen Nr. 6 oder 7. Darin signalisiert sie ihr Verständnis, versucht, durch Nachfragen herauszufinden, worum es genau geht, und gewinnt Zeit, um sich selbst zu fangen.

Körperliche Reaktion auf einen verbalen Angriff

Die ärgerliche Mutter stellt keine Bedrohung für Leib und Leben dar. Und doch reagiert unser Körper auf einen plötzlichen verbalen Angriff genau so, als stünde ein Säbelzahntiger mit gefletschten Zähnen vor uns. Bei Angriffen schaltet das Stammhirn, der älteste Teil des Gehirns, auf Notversorgung. Um eine möglichst schnelle körperliche Reaktion zu ermöglichen, die entweder zur erfolgreichen Flucht oder zu einem effektiven Gegenschlag verhilft, zieht der Körper das Blut aus dem Gehirn und dem Verdauungstrakt ab und schickt es stattdessen in die Arme und Beine.

Diese körperlichen Reaktionen treten daher bei einem Angriff oft auf:

- *Schwitzen*
- *Zittern*
- *Schwindelgefühl*
- *Herzrasen/heftiges Herzklopfen*
- *Tränen kommen*
- *Sprachlosigkeit*
- *Luft bleibt weg*
- *Kribbeln in Fingern oder Füßen*

So belastend diese unwillkürlichen Reaktionen im Ernstfall sein mögen, ausschalten lässt sich der Körper nicht. Doch nicht ohne Grund sprechen wir von der „Schrecksekunde". Die erste Sprachlosigkeit und die Schreckstarre sind schnell vorbei. Je besser wir uns und unsere instinktiven Reaktionsmuster kennen, desto leichter fällt es uns, souverän mit ihnen umzugehen.

Aggression ist oft ein Ausdruck von Angst oder Unsicherheit

Ganz klar: Wenn Eltern aggressiv reagieren, muss kein Erzieher das klaglos hinnehmen. Eine Möglichkeit, auf einen Angriff zu reagieren, kann es daher immer sein, die Situation zu verlassen und klarzumachen, wo die eigenen Grenzen liegen – wie in der ersten Reaktion geschildert. Konstruktiver im Sinn eines gelingenden Elterngesprächs ist es jedoch, das Bedürfnis der Eltern zu erkennen und darauf einzugehen, um dann gemeinsam nach einer Lösung zu suchen.
Im Ernstfall mögen Sie geschockt sein, aber Aggressionen in der Kita sind oft nicht persönlich gemeint. Wutausbrüche oder ein Angriff haben meist weniger mit der Person des angegriffenen Erziehers zu tun als mit der Befindlichkeit des wütenden Elternteils. Gefühle, wie Unsicherheit, Angst oder der Wunsch nach Kontrolle, können dazu führen, dass Eltern aggressiv reagieren.

Wie im Fall der Mutter von Lino: Die Sorge um das Wohlergehen ihres Kindes und der Zeitdruck, unter dem sie steht, äußern sich in Zorn. Auch Unsicherheit führt immer wieder zu Ärger und Angriffen. Die Eltern, die sich von einem Erzieher nicht akzeptiert fühlen, werden eher abwehrend und aggressiv reagieren als diejenigen, die einen guten Draht zu ihm haben. Andersherum gilt: Wenn das Verhältnis auf der Beziehungsebene stimmt, können auch Konflikte und Meinungsverschiedenheiten besser ausgetragen werden.

Das Bewusstsein, warum ein ärgerlicher Vater oder eine schnippische Mutter so reagiert, kann helfen, die Situation besser einzuschätzen und nicht abwehrend zu reagieren.

Die besten Strategien bei Angriff

Wenn Eltern Sie angreifen, beleidigen oder bedrohen, versuchen Sie, gelassen zu bleiben. Das ist leichter gesagt als getan, daher kann es zunächst helfen, sich etwas Raum zu verschaffen und einmal durchzuatmen. So vermeiden Sie eine Reaktion „aus dem Bauch" heraus, die im Fall eines Angriffs – wie beschrieben – leicht als Gegenangriff oder Flucht ausfällt.

Abstand stellen Sie, je nach Situation, auf verschiedene Weise her, z. B. indem Sie

- einen Schritt zurücktreten oder sich im Stuhl zurücklehnen, um erst einmal etwas Raum zwischen sich und Ihr Gegenüber zu bringen. So wirkt die Atmosphäre weniger bedrohlich.
- kurz aufstehen und ans Fenster treten: *„Ich glaube, ein wenig frische Luft könnte uns jetzt helfen."*
- eine Pause machen: *„Ich möchte Ihnen dazu gern etwas zeigen, einen Augenblick, ich hole es schnell."*
- das Gespräch vertagen: *„Ich habe den Eindruck, wir kommen gerade nicht weiter. Lassen Sie uns einen neuen Termin vereinbaren und mit etwas Abstand über … reden."*

Auch inhaltlich können Sie auf Abstand gehen und eine Pause generieren, wenn Eltern aggressiv werden. Hilfsmittel dafür sind:

- Den Stand der Dinge zusammenfassen: *„Sie sind jetzt sehr ärgerlich und greifen mich gerade auch persönlich ziemlich heftig an. Lassen Sie uns doch zusammenfassen, worauf wir uns bis hierhin geeinigt haben."*
- Raum schaffen durch Rückfragen.
- An das Ziel des Gesprächs erinnern: *„Ich sehe, dass Sie wirklich verärgert sind. Ich verstehe Ihre Gefühle in Bezug auf … auch. Wie finden wir denn zu einer Lösung, mit der alle Beteiligten leben können? Haben Sie eine Idee?"*
- Druck aus dem Gespräch nehmen: *„Unsere Gesprächszeit ist fast vorbei und wir müssen heute nicht unbedingt zu einer Lösung kommen."*

Zuletzt sorgen Sie innerlich für Distanz und Schutz, wenn Sie

- ✔ bewusst ausatmen und den eigenen Körper wahrnehmen.
- ✔ sich auf die Metaebene begeben und das Gespräch von oben, aus einer anderen Perspektive, betrachten.
- ✔ den Auftrag und die Zuständigkeiten innerlich klären: *„Was ist mein Auftrag und meine Aufgabe in diesem Gespräch und was nicht?"*

Wenn Sie sich auf diese Weise eine Atempause verschafft haben, lenken Sie mit den folgenden Strategien das Gespräch in konstruktive Bahnen:

Strategie 1: Verstehen, worum es eigentlich geht, und Verständnis zeigen

Um zu verstehen, worum es eigentlich geht, eignet sich das Nachfragen. Lassen Sie sich bei einem Angriff zunächst erklären, worum es genau geht, ohne sofort in die Abwehrhaltung zu geraten. Damit nehmen Sie einem aggressiven Gegenüber den Wind aus den Segeln und zeigen, dass Sie an einer Lösung interessiert sind. Das ist vor allem dann wichtig, wenn anfangs gar nicht richtig klar ist, was den Zorn des Gesprächspartners ausgelöst hat. Verwenden Sie Signalwörter wie „konkret" oder „genau" um Ihr Anliegen deutlich zu machen.
So könnte der Beispieldialog mit der wütenden Mutter dann aussehen:

- *Mutter: „Was denken Sie sich eigentlich dabei, meinen Sohn bei dem Wetter nach draußen zu schicken?"
Erzieherin: „Frau Specht, ich sehe, dass Sie wirklich ärgerlich sind, und wir sollten das auf alle Fälle sofort klären. Bitte sagen Sie mir doch erst einmal genau, was passiert ist."*

Statt verschreckt zu reagieren („*ich war nicht dabei*"), den Angriff persönlich zu nehmen („*nicht in dem Ton*") oder der Mutter zu vermitteln, ihre Wahrnehmung der Situation wäre nicht in Ordnung („*für die anderen Eltern ist das kein Problem*"), zeigt die Erzieherin mit diesen Worten Verständnis, ohne sich jedoch zu entschuldigen. Das erleichtert es der Mutter, trotz ihrer Aufregung etwas gelassener zu reagieren.

- *Sie erwidert: „Es ist nass und kalt und Lino ist so eingedreckt, dass ich ihn nicht ins Auto setzen kann. Dabei habe ich es total eilig. So geht das einfach nicht."*

Die Erzieherin hat geklärt, warum die Mutter wütend ist. Sie wirkt zwar noch immer gereizt („*So geht das nicht*"), ist jedoch schon etwas ruhiger und die Erzieherin kann auf ihr eigentliches Bedürfnis eingehen.

- *Sie sagt: „Sie haben es heute besonders eilig?"
Mutter: „Genau, wir müssen noch den Geburtstagskuchen für meinen Mann abholen, aber der Laden hat nur bis 16:00 Uhr geöffnet. Das schaffe ich jetzt nicht mehr, wenn ich Lino noch umziehen muss."*

Nun kann die Erzieherin reagieren und einen Lösungsvorschlag anbieten:

- *„Dann lassen Sie Lino doch noch eine halbe Stunde hier und holen erst einmal den Kuchen ab. Ich kann Lino in der Zeit dann schon mal umziehen."*

Strategie 2: Dampf ablassen erlauben und Aggressionsspirale vermeiden

Bei einem Angriff steht der Aggressor unter Stress und in seinem Körper laufen ähnliche Vorgänge ab wie bei demjenigen, der angegriffen wird. Anders gesagt: Wer sich gerade richtig aufregt, lässt sich in diesem Moment von logischen Argumenten oder Zureden oft nicht erreichen. Wenn es Ihnen möglich ist, lassen Sie es deshalb zu, dass ein wütender Vater sich erst einmal „abregt", und signalisieren Sie Verständnis und Hilfsbereitschaft. Damit verhindern Sie auch, dass Ihr Gespräch sich in einer Aggressionsspirale verliert, die durch Reaktionen wie einen Gegenangriff („*Was fällt Ihnen ein!*") oder Beleidigungen („*Das muss ich mir ausgerechnet von Ihnen nicht sagen lassen!*") nur in eine inhaltliche Sackgasse führt.

Sollte es dem Gesprächspartner im Verlauf des Gesprächs nicht gelingen, zu einem angemessenen Ton zu finden, können Sie persönliche Angriffe immer noch zurückweisen:

- *„Bitte lassen Sie uns bei der Sache bleiben. Ich spreche gern mit Ihnen über … und erläutere Ihnen meinen Standpunkt. Wir ziehen ja beide am selben Strang. Aber wenn Sie mich so anschreien, fühle ich mich als Person angegriffen."*

Strategie 3: Sachlich reagieren

Manchmal kann es helfen, auf einen Angriff gar nicht einzugehen, sondern ihm selbstbewusst auf der Sachebene zu begegnen. Wenn Linos Mutter also laut wird, könnte die Erzieherin entgegnen:

- *„Sie sind verärgert, weil Lino trotz des Regens draußen war?"*

Ihre selbstsichere Position kann sie auch körpersprachlich ausdrücken, indem sie aufsteht und der Mutter auf Augenhöhe gegenübertritt.

Strategie 4: Situation verlassen/vertagen

Noch einmal ganz deutlich: Keine Erzieherin muss sich anschreien, bedrohen oder gar körperlich angreifen lassen. Es ist daher legitim, sich aus der Situation zu entfernen. Das kann geschehen, indem Sie einen Schritt zurück oder zur Seite tun, um etwas Raum zwischen sich und Ihr Gegenüber zu bringen.

Manchmal reicht es, den Raum kurzfristig zu verlassen und dadurch für ein wenig Entspannung und die Möglichkeit zum Durchatmen zu sorgen:

- *„Wir sollten das jetzt gleich klären, aber bitte nicht hier, vor den Kindern."*
- *„Ich bin ehrlich gesagt gerade ziemlich erschrocken über Ihren Ärger. Wenn Sie so heftig werden, fühle ich mich auch persönlich angegriffen. Ich möchte aber gern verstehen, worüber Sie ganz genau ärgerlich sind. Geben Sie mir einen Moment, ich komme gleich zu Ihnen, um das zu klären."*

Nicht nur für Ihr Gefühl ist es besser, etwas Zeit verstreichen zu lassen. Auch die Situation, um die es geht, lässt sich unter Umständen besser klären, wenn weitere Informationen oder Personen verfügbar sind. Auch dann kann es Sinn machen, ein Gespräch auf später zu vertagen. Aber warten Sie nicht zu lange damit: Bei einem heftigen verbalen Angriff sind eine schnelle Klärung und ein konkreter Termin dafür unbedingt wünschenswert.

Wenn Kinder spielen und dabei schmutzig werden, sehen manche Eltern dies nicht gern.

Aggressive Gesten wirken bedrohlich und strapazieren das Verhältnis.

Beispiel
Wenn Erzieherin Anna ihrer Freundin von einem Gespräch mit ihrer Schwiegermutter erzählt und die Freundin kommentiert: „Du bist ja ganz schön zickig", kann das liebevoll oder scherzhaft gemeint sein, eventuell aber auch einen ernst gemeinten, freundschaftlichen Hinweis darstellen.
Dieselben Worte, geäußert von der verärgerten Mutter, fasst die Erzieherin vermutlich als Beleidigung auf – völlig zu Recht!

„Sie blöde Kuh" – Beleidigungen

Nicht immer ist verbale Aggression mit Geschrei und Wut verbunden. Auch Beleidigungen, Schimpfwörter oder abwertende Gesten stellen (non-)verbale Aggressionen dar, die im Kitaalltag belasten können.

Auf ein dahin geworfenes *„dumme Schlampe"* oder den erhobenen Mittelfinger beim Herausgehen lässt sich sogar schwieriger reagieren als auf einen direkten verbalen Angriff. Warum das so ist? Bei einer Reaktion auf die indirekte Beleidigung verstecken sich die Absender oft hinter fadenscheinigen Ausreden wie *„ich habe es nicht so gemeint"*, *„das habe ich nicht gesagt"* oder die Erzieherin solle sich *„nicht so anstellen"*. Ob und in welcher Weise auf eine derartige Aggression reagiert werden sollte, ist natürlich immer situationsbedingt. Auch ist es immer von der eigenen Persönlichkeit, dem Verhältnis zum Gegenüber und dem allgemeinen Umfeld abhängig, ob eine Äußerung als scherzhaft, gerade noch in Ordnung oder als Beleidigung aufgefasst wird.

Nur ein Scherz? Oder schon eine Beleidigung?

So können völlig identische Äußerungen komplett unterschiedliche Bedeutungen haben, je nachdem ob sie von der besten Freundin, einer netten Kollegin oder einem ärgerlichen Kita-Vater kommen.

***Beleidigungen** werden als „vorsätzliche Kundgabe der Missachtung oder Nichtachtung der Ehre eines anderen"[2] definiert und mittels § 185 des Strafgesetzbuchs geahndet.*

Ob es sich um eine Beleidigung handelt, erkennen Sie daran, dass Sie persönlich eine Äußerung als herabwürdigend, respektlos oder missachtend empfinden. Überprüfen Sie also für sich, ob Sie eine Beleidigung erkennen und in welcher Weise Sie damit umgehen wollen. Im Zweifelsfall besprechen Sie sich mit Ihren Kolleginnen, der Leitung oder einer anderen Vertrauensperson, z. B. aus der Fachberatung des Trägers.

[2] https://wirtschaftslexikon.gabler.de/definition/beleidigung-29071/version-252691 (zuletzt aufgerufen: 24.02.2022)

Beleidigungen vergiften die Atmosphäre und sind belastend. Es ist nicht immer sinnvoll, sofort zu reagieren, trotzdem sollte die Situation geklärt werden, besonders wenn sich das Verhalten wiederholt. Beleidigungen passieren in der Regel nicht einfach so, sondern können darauf hinweisen, dass

- ✔ ein anders gelagerter Konflikt besteht, der nicht ausreichend behandelt oder geklärt wurde,
- ✔ Eltern das Gefühl haben, sich gegen den Erzieher oder die Einrichtung Kita wehren zu müssen,
- ✔ Eltern unter Stress stehen.

Auf Beleidigungen reagieren

Selbst wenn es schwerfällt, ist die beste Reaktion auf eine Beleidigung, das Verhalten nicht persönlich zu nehmen und die Situation offen anzusprechen, z. B. so:

Beispiel
„Gestern haben Sie mich ganz schön beschimpft, als Sie Lino abgeholt haben. Da war ich ehrlich gesagt total perplex. Offensichtlich sind Sie ärgerlich, aber ich verstehe nicht ganz, worüber eigentlich. Darüber möchte ich gern mit Ihnen sprechen."

Manchmal wird es auch notwendig sein, eine Beleidigung direkt zurückzuweisen (*„Nein, das stimmt so nicht"*) oder eine dritte Person zur Schlichtung dazuzuholen (*„Ich habe das Gefühl, Sie sind mit meiner Arbeit nicht zufrieden und wir können die Sache nicht klären. Ich möchte das Gespräch lieber fortführen, wenn die Leitung dabei ist"*).
In einigen Situationen werden Sie sich dafür entscheiden, den Vorfall einfach zu ignorieren. Schließlich kennen Sie „Ihre" Eltern und wissen, wann Sie durch gezieltes Nicht-Reagieren eine Beleidigung besser ins Leere laufen lassen, um ein Eskalieren zu vermeiden. Entscheidend ist in allen Fällen, dass Sie auf Ihr Gefühl hören und registrieren, wenn eine Situation sich auf ungute Weise vom alltäglichen Miteinander abhebt. Nur dann können Sie adäquat reagieren.

TIPP

Bei Aggression und Beleidigung sind Rechtfertigungen und Verteidigung ebenso wenig Erfolg versprechend wie Gegenangriffe. Sehr aggressive Eltern lassen sich dadurch nicht von ihrem Verhalten abbringen. Im Gegenteil – je mehr Sie sich verteidigen, desto mehr setzen die Eltern nach und versuchen mit noch stärkeren und wiederholten Argumenten den eigenen Standpunkt durchzusetzen.

Wenn Eltern drohen

„Das lasse ich mir nicht bieten, ich wende mich an die Fachberatung/den Bürgermeister/Ihre Vorgesetzte. Dann sind Sie hier die längste Zeit Erzieher gewesen."

Drohungen mit beruflichen Konsequenzen, Schuldzuweisungen und persönliche Angriffe gehören, ähnlich wie wütende Angriffe, zu den unangenehmsten Situationen im Erzieheralltag. Sie werden als extrem belastend empfunden und können das Selbstwertgefühl massiv bedrohen. Wie gehen Sie also damit um, wenn Eltern Ihnen drohen?
Eine Möglichkeit besteht darin, das Gespräch abzubrechen und den Eltern klarzumachen, dass Sie unter diesen Umständen auch nicht weiter diskutieren möchten:

- *„Ich möchte unser Gespräch jetzt abbrechen. Wenn Sie mir drohen, kann ich nicht länger sachlich mit Ihnen reden."*

- *„Ich verbitte mir diesen Ton. Wenn Sie mir drohen, sollten wir das Gespräch jetzt lieber beenden."*

Wenn Sie es nervlich durchstehen, können Sie solche Angriffe auch eine Weile ignorieren – manchmal handelt es sich um das bereits beschriebene „Dampfablassen" und die Eltern sind kurz darauf wieder gesprächsbereit und entschuldigen sich für ihren Tonfall.

Eine dritte Möglichkeit besteht darin, den Gesprächsablauf selbst zum Thema zu machen:

- *„Ich sehe, dass Sie sehr aufgebracht sind. Das macht mich jetzt auch ziemlich ärgerlich. Trotzdem finde ich es gut, dass Sie mit Ihrer Meinung nicht hinterm Berg halten. Es ist mir lieber, die Dinge liegen offen auf dem Tisch, als dass jemand nur hintenrum meckert. So kann ich wenigstens direkt darauf reagieren. Was sind denn Ihre wichtigsten Sorgen in Bezug auf...?"*

TIPP

Gerade bei Drohungen mit beruflichen Konsequenzen ist es gut, die Rückendeckung der Leitung und des Teams zu haben. Informieren Sie Ihre Leitung und Ihre Kollegin in der Gruppe daher über Drohungen von Eltern. Das entlastet und schafft Transparenz.

Wenn Eltern tätlich werden

Verbale Angriffe sind eine Sache – tätliche Gewalt, selbst wenn sie sich „nur" in einem Schubser oder einem Festhalten äußert, eine andere. Zum Glück werden Sie das nur selten (wenn überhaupt) erleben. Wenn es dennoch geschieht, reagieren Sie darauf sofort eindeutig und entschieden:

Beispiel

- *„Lassen Sie mich los."*
- *„Ich fühle mich bedrängt, wenn Sie so dicht an mich heranrücken und mich am Arm anfassen. Bitte lassen Sie mir etwas Raum."*
- *„Frau Meier, Sie haben mich eben geschubst. Das geht nicht. Ich möchte das Gespräch jetzt beenden. Lassen Sie uns morgen noch einmal in Ruhe über den Vorgang sprechen."*

Einen tätlichen Angriff dürfen Sie auf keinen Fall hinnehmen. Versuchen Sie dennoch, die Situation nicht durch wütende Reaktionen (*„Was fällt Ihnen ein!"*) noch weiter anzuheizen. Bleiben Sie stattdessen ruhig und betonen Sie das gemeinsame Interesse – das Wohl des Kindes.

Dennoch sollten Sie in jedem Fall die Kita-Leitung über den Vorfall informieren. Körperliche Gewalt, auch wenn es sich „nur" um ein Schubsen handelt, stellt eine Grenzverletzung dar, die nicht ignoriert werden darf. Es ist daher empfehlenswert, wenn Kita und/oder Träger im Anschluss noch einmal das Gespräch mit den Eltern suchen und klarmachen, dass die Familie bei einer Wiederholung die Einrichtung verlassen muss.

Wenn Eltern Sie körperlich bedrohen oder angreifen, haben Sie selbstverständlich auch die Möglichkeit, sich an die Polizei zu wenden.

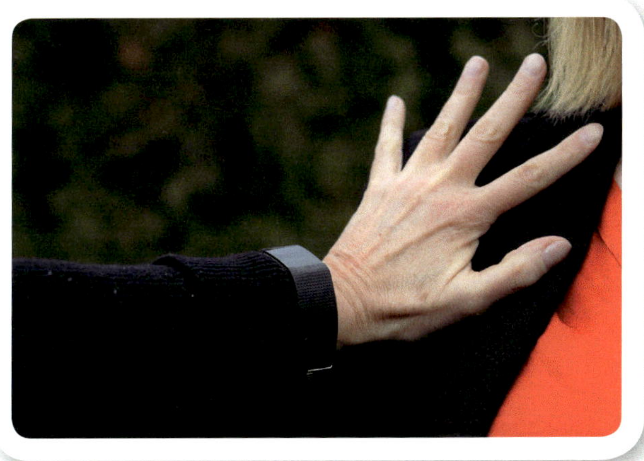

Zum Glück kommen körperliche Übergriffe sehr selten vor.

Schwierige Inhalte

Noch Problem? Oder schon ein Konflikt?

Es ist wichtig, zwischen Problem und Konflikt zu unterscheiden, um adäquat zu reagieren. **Probleme** treten auf der Sachebene auf und können auch hier geklärt werden:

- *Das Team wünscht sich, dass alle Kinder um 8.30 Uhr da sind, damit der Morgenkreis ungestört stattfinden kann. Einige Eltern wollen ihre Kinder gern erst später bringen.*
- *Erzieherin Anna kann den Bewegungsraum nicht nutzen wie geplant, weil ihr Kollege nicht aufgeräumt hat.*
- *Herr Müller versteht nicht, warum er in die Kaffeekasse fürs Eltern-Café einzahlen soll, wenn er doch bereits Kita-Gebühren bezahlt.*

In der Kita werden die meisten solcher Meinungsverschiedenheiten relativ schnell gelöst, ohne dass die Beteiligten lange darüber nachdenken:

- *Die Mutter versucht, ihr Kind in Zukunft früher zu bringen, weil sie den Sinn des gemeinsamen Beginns verstanden hat.*
- *Erzieher Lars achtet darauf, den Bewegungsraum ordentlich zu hinterlassen.*
- *Nachdem die Sachlage erklärt wurde, erklärt sich der Vater bereit, einen geringen Beitrag in die Kaffeekasse zu zahlen.*

Wenn Sie darüber nachdenken, fallen Ihnen sicher selbst etliche solcher Situationen ein, die in Ihrer Einrichtung geklärt werden konnten, weil sich die Beteiligten rechtzeitig und sachlich darüber ausgetauscht haben.

Wenn die Emotionen hochkommen

Im Gegensatz zum Problem, das sich auf der Sachebene lösen lässt, sind beim echten **Konflikt** immer Emotionen beteiligt. Wenn Sie merken, dass bei Ihnen oder dem Gegenüber Gefühle wie Angst oder Wut hochkommen, Sie sich angegriffen oder traurig fühlen, hat sich ein Problem meist schon zum Konflikt ausgewachsen. Dann verdient nicht die Sachebene (worum geht es?) die größte Aufmerksamkeit, sondern die Beziehungsebene (wie ist das Verhältnis zwischen den Gesprächspartnern?).

Wenn sich die Gesprächspartner erst einmal verletzt, nicht ernst genommen oder abgelehnt fühlen, ist eine konstruktive Lösung des Konflikts nur noch schwer möglich. Deshalb ist es wichtig, sowohl die eigenen Gefühle zu kennen und im Griff zu haben als auch das Gespräch nach Plan zu führen und nicht in eine Spirale aus Kritik, Abwehr und Abblocken zu geraten. Gegenseitiger Respekt ist gerade im Konfliktfall das A und O eines gelungenen Gesprächs. Wenn Sie den Eltern wertschätzend und authentisch begegnen, baut das auch im Konfliktfall Vertrauen auf.

Schwierige Situationen entschärfen

Aber wie lässt sich im Konfliktfall Respekt ganz konkret zeigen? Eine Möglichkeit, respektvoll und authentisch miteinander umzugehen, ist es, Gefühle (auch die eigenen!) nicht unter den Tisch zu kehren, sondern anzusprechen.

Beispiel

- *„Ich kann verstehen, dass Sie ärgerlich sind."*
- *„Ich höre aus Ihren Worten ganz viel Sorge um Ihr Kind heraus."*
- *„Ich bin ganz erschrocken, dass Sie das so empfinden."*

Vor allem zu Gesprächsbeginn kann es in einer bereits aufgeheizten, emotionalen Situation im Konfliktgespräch hilfreich sein, das Gegenüber erst einmal reden zu lassen, ohne gleich die eigenen (Sach-)Argumente vorzubringen. Auch mit wertschätzenden Bemerkungen entspannen Sie die Situation. Lob und Anerkennung, die Sie jetzt aussprechen, wirken Abwehr und Widerstand direkt entgegen, müssen aber natürlich ernst gemeint sein.

Beispiel

- *„Ich bin froh, dass ich mit Ihnen jetzt offen über diese Situation sprechen kann."*
- *„Ich weiß es zu schätzen, dass Sie bereit sind, mit mir nach einer Lösung zu suchen."*

Danach kommen Sie direkt zum Punkt und legen Ihren Standpunkt dar. Setzen Sie Ich-Botschaften ein und betonen Sie, dass es Ihnen um das Wohlergehen des Kindes geht. So holen Sie die Eltern mit ins Boot. Wenn es gelingt, dass Sie gemeinsam nach einer Lösung suchen, statt sich gegenseitig zu beschuldigen, kann sich auch ein Konflikt wieder auf der Sachebene klären lassen.

Beispiel

Luisas Mutter möchte, dass Erzieherin Anna Lose ihrer Tochter dabei hilft, die Schuhe anzuziehen, wenn die Kinder nach draußen gehen. Die Erzieherin vertritt die Ansicht, dass Luisa das selbst erledigen soll.

Mutter: *„Frau Lose, so geht das nicht. Als ich gestern in die Kita gekommen bin, saß Luisa ganz allein im Flur. Alle anderen Kinder waren schon draußen und Sie auch. Luisa sagte, dass sie noch ihre Schuhe anziehen muss. Aber das kann sie noch nicht. Können Sie ihr nicht dabei helfen?"*

Erzieherin: *„Sie machen sich Sorgen, dass Luisa allein war?"*

Mutter: *„Ja, da kann doch alles Mögliche passieren. Und sie schafft das allein nicht. Soll sie denn den ganzen Nachmittag da sitzen? Das dauert doch ewig mit den Schuhen!"*

Erzieherin: *„Ich kann Ihre Reaktion gut verstehen. Aber ich hatte Luisa im Blick, ich kann durch die Glastür vom Garten aus gut in den Flur hineinschauen. Es stimmt, sie saß da allein. Aber Sie würden staunen, wie toll Luisa das schon hinbekommt mit den Schuhen. Meist ist sie sogar als eine der Ersten draußen."*

Mutter: *„Wirklich? Zu Hause muss ich ihr immer helfen."*

Erzieherin: *„Ja, das kommt öfter vor, dass die Kinder zu Hause weniger selbstständig sind. Und es geht ja auch wirklich schneller, wenn die Mamas den Kindern die Schuhe anziehen. Hier in der Kita haben wir aber viel mehr Zeit, sodass die Kinder solche Aufgaben selbst erledigen können, und uns liegt viel daran, dass die Kinder selbstständig werden. Natürlich dauert es bei den Kleinen, wie Luisa, manchmal etwas länger, wenn sie sich selbst anziehen. Aber sie kriegt das super hin, da müssen Sie sich keine Gedanken machen."*

Mutter: *„Na gut."*

Erzieherin: *„Ich verspreche Ihnen, dass ich Luisa im Blick habe. Wenn sie wirklich einmal etwas nicht schafft, helfe ich ihr natürlich."*

Mutter: *„In Ordnung. Vielleicht versuche ich zu Hause auch mal, ob sie das mit dem Anziehen nicht auch allein hinkriegt."*

Was ist passiert? Auf den Vorwurf der Mutter („*So geht das nicht*") reagiert die Erzieherin mit aktivem Zuhören und fasst die Gefühle in Worte („*Sie machen sich Sorgen*"). Als die Mutter bekräftigt, äußert sie Verständnis („*Ich kann gut verstehen*") und betont die Ressourcen des Kindes („*Sie kriegt das toll hin*"). Die Mutter fühlt sich verstanden und ernst genommen, sie nimmt auch die Wertschätzung wahr, die Erzieherin Anna ihrer Tochter entgegenbringt. So ist sie in der Lage, die Argumente der Erzieherin zu hören und anzunehmen.

Wenn die Gesprächstechnik nicht stimmt, gerät das Gespräch schnell in die Sackgasse.

Diese Fallen hat die Erzieherin vermieden:

- ***Rechtfertigen***
  „Bei 28 Kindern in der Gruppe kann ich nicht jedem die Schuhe anziehen."
- ***Abstreiten***
  „Das stimmt doch gar nicht."
- ***Vorwürfe***
  „Sie hätten Luisa schon längst beibringen sollen, sich allein fertig zu machen."
- ***Gegenangriff***
  „Daran sind Sie nun wirklich selber schuld."
  „Das muss ich mir von Ihnen nicht sagen lassen, Sie machen doch selbst immer ..."
- ***Ausreden***
  „Für Luisa ist mein Kollege zuständig."
- ***Nicht ernst nehmen***
  „Daran ist noch niemand gestorben."
  „Machen Sie sich keine Sorgen."
- ***Unterstellung***
  „Ihnen kommt es doch nur darauf an ..."
- ***Gute Ratschläge***
  „Sie sollten etwas geduldiger sein."
  „Das kenne ich von meiner eigenen Tochter, dann habe ich immer ..."
- ***Belehrung***
  „Ich habe Ihnen doch schon mal erklärt, dass ..."
- ***Befehle***
  „Jetzt beruhigen Sie sich mal."
- ***Dominanz***
  „Also, jetzt sage ich Ihnen mal, wie wir das machen."

Auf S. 101/102 finden Sie eine Übersicht über Gesprächskiller, die Sie vermeiden sollten.

Unstimmigkeiten ansprechen

Beispiel

„Frau Solms, ich würde gern kurz mit Ihnen sprechen. Haben Sie noch einen Augenblick Zeit?"
Erzieher Lars steht neben der Mutter, die gerade in die Kita gekommen ist, um ihren 4-jährigen Sohn abzuholen.
Die Mutter blickt fragend, stimmt aber zu: „Wenn es nicht so lange dauert."
Der Erzieher nickt. Er hat seit einiger Zeit ein ungutes Gefühl, weil die Mutter, die sonst immer Zeit für eine Unterhaltung hatte, sich seit Kurzem sehr zurückgezogen hat und beim Bringen und Abholen kaum noch ein Wort sagt. Statt Vermutungen anzustellen oder das Verhalten der Mutter auf sich persönlich zu beziehen, hat er sich nun ein Herz gefasst und spricht seine Beobachtung an. „Nein, ich glaube nicht, dass es lange dauert. Mir ist aufgefallen, dass Sie in den letzten Wochen immer sehr schnell wieder weg sind, wenn Sie Mattis abholen. Ist etwas vorgefallen, worüber Sie sich geärgert haben? Wir haben uns sonst immer so nett unterhalten, es würde mir leidtun, wenn sich daran etwas ändert."

Im Verhältnis zwischen Erziehern und Eltern, aber auch innerhalb des Teams kommt es immer wieder vor, dass Unstimmigkeiten auftreten. Das ist in einer Einrichtung, wie der Kita, in der dauernd viele verschiedene Menschen aufeinandertreffen, völlig normal. Unterschiedliche Voraussetzungen, Vorstellungen und Bedürfnisse führen schnell zu Meinungsverschiedenheiten, die sich, wenn sie nicht geklärt werden, zum Konflikt auswachsen können.

Deshalb ist es wichtig, Unstimmigkeiten zu erkennen und rechtzeitig zu klären. Es geht dabei nicht darum, dass alle einer Meinung sind. Als Erzieher liegt es jedoch in Ihrer Verantwortung, Störungen in der Kommunikation zu erkennen und anzusprechen. Viele Konflikte entstehen aus Missverständnissen oder aufgrund unterschiedlicher Meinungen. Je früher die Ausgangssituation geklärt ist, desto besser für das Miteinander.

Im Fall der wortkargen Mutter konnte der Erzieher herausfinden, dass ihr vermeintlich abweisendes Verhalten ganz andere Gründe hatte: Seit ein paar Wochen brauchte die Mutter wegen einer Baustelle länger auf dem Weg zur Arbeit und war deshalb so kurz angebunden. Ihr Verhalten, das der Erzieher automatisch auf sich bezogen hatte, hatte also eine komplett andere Ursache.

Manchmal lässt sich das Problem sehr schnell klären – wie in dem beschriebenen Fall. Schwieriger ist es, wenn unterschiedliche Auffassungen und Meinungen vorliegen, etwa wenn ein Vater nicht mit dem Konzept zur Vorschulförderung einverstanden ist oder Eltern verlangen, dass ihr Kind tagsüber nicht schlafen soll.

Fazit

Störungen anzusprechen, ist nicht leicht, lohnt sich aber in den meisten Fällen. Sehr oft wird es an den Erziehern sein, hier den ersten Schritt zu tun. Viele Eltern scheuen sich, Beschwerden zu äußern, weil sie dann Nachteile für ihr Kind befürchten.
Als Pädagogin und als Dienstleister liegt es daher in der Verantwortung der Erzieherin, Störungen rechtzeitig anzusprechen, um Konflikte zu vermeiden.

Eltern Förderbedarf mitteilen

Der fast 5-jährige Leon spricht sehr laut, verwendet aber oft nur einzelne Wörter. Mit anderen Kindern spielt er ausdauernd, doch kommt es gelegentlich zu Konflikten. Einige Kinder beschweren sich, dass Leon sie anspuckt. Das liegt neben der lauten Sprechweise an seinem starken Speichelfluss, den auch die Erzieherinnen bereits bemerkt haben. Sie befürchten, dass Leon dadurch ausgegrenzt werden könnte. Darüber wollen die Erzieherinnen mit seinen Eltern sprechen und ihnen empfehlen, mit Leon einen Logopäden aufzusuchen. So kann abgeklärt werden, ob Leons starker Speichelfluss und seine laute Sprechweise möglicherweise körperliche Ursachen haben.

Nachdem Erzieherin Anna einen Gesprächstermin mit Leons Mutter, Frau Schulz, ausgemacht hat, steht das Gespräch nun unmittelbar bevor. Für die Erzieherin stellt diese Situation einerseits den Normalfall dar. Schließlich gehört es zum Alltag, Kinder auf ihren Entwicklungsstand hin zu beobachten und mit den Eltern darüber zu kommunizieren. Andererseits geht sie – wie viele Kollegen – mit einem unguten Gefühl in ein Gespräch, in dem den Eltern Entwicklungsverzögerungen, Förderbedarf oder Verhaltensauffälligkeiten mitgeteilt werden sollen.

Beispiel

Erzieherin: „Guten Tag, Frau Schulz, schön, dass Sie kommen konnten. Ich hatte Ihnen ja schon gesagt, dass ich Leon in der letzten Zeit beobachtet habe und auch ein Entwicklungsprotokoll erstellt habe. Dabei ist mir aufgefallen, dass er sehr große Fortschritte beim Malen und Basteln gemacht hat. Haben Sie das zu Hause auch beobachtet?"

Mutter: „Ja, genau, das macht er gerade sehr gern, er ist dauernd dabei."

Erzieherin: „Mir ist aufgefallen, dass er recht laut spricht. Manchmal beschweren sich dann die anderen Kinder, weil sie sagen, Leon spuckt. Das macht er natürlich nicht extra, das passiert einfach beim Reden, wenn er laut spricht. Kennen Sie das von zu Hause auch?"

Mutter: „Laut sprechen? Nein, zu Hause ist alles ganz normal."

Erzieherin: „Sie beobachten also nicht, dass er laut redet und dass sein Speichelfluss recht stark ist?"

Mutter: „Nein, gar nicht. Das würde mir doch auffallen."

Erzieherin: „Es ist natürlich auch immer eine Momentaufnahme. Aber ich habe ihn jetzt einige Tage lang beobachtet und ich mache mir Sorgen, weil sich die anderen Kinder von ihm abwenden. Was halten Sie davon, mal mit dem Kinderarzt darüber zu reden?"

Mutter: „Ich weiß nicht. Muss das sein?"

Erzieherin: „Ich halte es für sinnvoll. Das laute Sprechen und der Speichelfluss könnten körperliche Ursachen haben. Das sollten wir abklären, um geeignete Maßnahmen in die Wege zu leiten."

Mutter: „Was denn für Maßnahmen? Der Leon, der ist ganz normal. Wenn der mal ein bisschen laut spricht, das machen doch alle Kinder. Deswegen braucht der nicht zum Arzt."

Strategien, wenn Eltern einen Fördervorschlag ablehnen

Die Weigerung der Eltern, die Beobachtung anzunehmen und auf die vorgeschlagenen Maßnahmen einzugehen, ist eine Situation, die viele Erzieherinnen als schwierig empfinden. Im Prinzip kann die Erzieherin auf drei Arten auf die Weigerung der Mutter, das Kind einer Fachperson vorzustellen, reagieren:

Strategie 1: Akzeptieren

Sie kann die Position der Mutter akzeptieren und eine Entscheidung auf später verschieben:

- *„Sie können meine Beobachtungen also nicht bestätigen? Wollen wir uns dann darauf einigen, Leon beide weiter zu beobachten? Dann sehen wir weiter?"*
- *„Ich kann Ihnen das nur empfehlen. Wenn Sie anderer Meinung sind, ist das auch okay. Lassen Sie uns die Sache mit dem Sprechen doch einfach im Auge behalten."*

Mit dieser Reaktion akzeptiert sie einerseits die Sichtweise der Mutter, macht aber gleichzeitig ein Gesprächsangebot für die Zukunft, sodass die Tür nicht ganz zugeschlagen ist.

Strategie 2: Abwehr zum Thema machen

- *„Ich merke, dass Sie abwehrend auf die Idee reagieren, Leon untersuchen zu lassen."*
- *„Ich habe den Eindruck, Sie möchten das nicht hören, wenn ich sage, dass Leons Sprechweise körperliche Ursachen hat."*

Damit thematisiert sie die Empfindung der Mutter, die sie hinter der Ablehnung erkennt und zeigt ihr, dass sie ihre Gefühle ernst nimmt. Sie setzt Ich-Botschaften und aktives Zuhören ein, indem sie die Gefühle der Mutter in Worte fasst.

Strategie 3: Konfrontation

Als Drittes kann die Erzieherin die Mutter mit den Folgen ihrer Entscheidung konfrontieren:

- *„Offensichtlich beurteilen Sie die Situation anders. Ich halte es aber für sinnvoll, Leon jetzt untersuchen zu lassen, bevor er in die Schule kommt."*
- *„Ich kann nachvollziehen, dass Sie Leons Sprechweise anders beurteilen. Zu Hause erleben Sie das vielleicht anders. Für Leon ist hier in der Kita der Kontakt in der Gruppe wichtig. Er versteht nicht, was los ist, wenn die anderen nicht mit ihm spielen wollen."*

Wenn die Erzieherin merkt, dass Eltern den vorgeschlagenen Förderbedarf ablehnen, weil sie ihr Kind nicht realistisch sehen oder die Folgen einer nicht durchgeführten Förderung nicht richtig einschätzen, kann sie also auch gegen den Widerstand der Eltern ihren Standpunkt betonen, ohne direkt auf die Abwehr einzugehen. Dabei stellt sie das Bedürfnis des Kindes in den Vordergrund. Sie sollte sich aber darüber im Klaren sein, dass eine solche Reaktion die Beziehung zu den Eltern belastet und zur Konfrontation führen kann.
Es ist daher hilfreich, vor dem Gespräch eine Minimallösung zu definieren, um sie ggf. ins Spiel zu bringen, z. B.:

- *„Ich kann nachvollziehen, dass Sie Leon anders einschätzen. Ich halte es aber für wichtig, seine Sprechweise untersuchen zu lassen. Was halten Sie davon, wenn ich meine Kollegin bitte, ihn eine Weile zu beobachten? Sie hat eine Zusatzausbildung als Logopädin und kann uns sicher mehr sagen."*

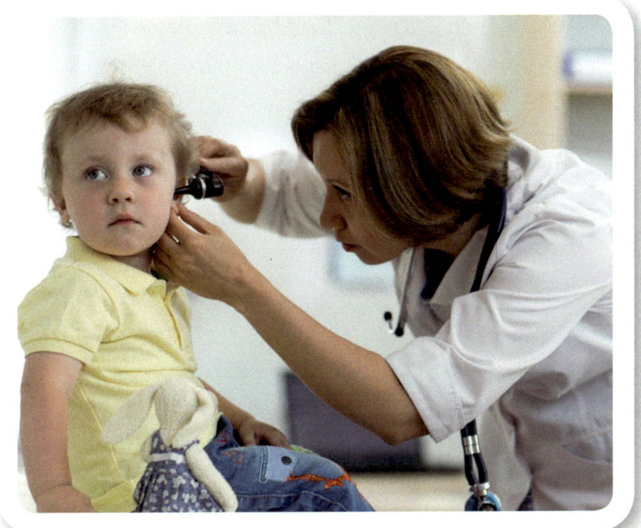

Wenn eine Entwicklungsverzögerung vermutet wird, sollten zunächst körperliche Ursachen ausgeschlossen werden.

Auf einen Blick: Gespräch über Förderbedarf führen

- *Die meisten Kitas führen regelmäßige Entwicklungsgespräche mit den Eltern. Wenn Sie den Eindruck haben, dass ein Kind Förderung benötigt, sollten Sie aber nicht bis zum nächsten Termin warten, sondern direkt das Gespräch mit den Eltern suchen.*
- *Vermeiden Sie eigene Diagnosen („Er hat vermutlich ADHS"), sondern schildern Sie den Eltern möglichst genau Ihre Beobachtungen und empfehlen Sie ihnen, das Kind einer Fachperson vorzustellen.*
- *Informieren Sie sich vorher über mögliche Ansprechpartner (z. B. Jugendamt, Frühförderstelle, sozialpädiatrisches Zentrum etc.), die Sie den Eltern empfehlen können. Halten Sie konkrete Rufnummern und Ansprechpartner bereit.*
- *Weisen Sie Eltern darauf hin, dass Ihre Beobachtung eine Momentaufnahme darstellt und dass sich die Situation auch wieder ändern kann.*
- *Beginnen Sie mit positiven Beobachtungen des Kindes.*
- *Teilen Sie Ihre Beobachtungen präzise mit, ohne zu verharmlosen oder zu übertreiben. Das verunsichert nur.*
- *Erkundigen Sie sich nach einiger Zeit noch einmal, ob die Eltern Ihrer Empfehlung gefolgt sind und etwas unternommen haben. Wenn Eltern es ablehnen, entsprechende Schritte einzuleiten, oder nicht zur Kenntnis nehmen, dass ihr Kind Hilfe benötigt, kann es sich im Extremfall um Kindeswohlgefährdung handeln. In diesem Fall müssten Sie weitere Maßnahmen gemäß § 8a SGB VIII einleiten (s. a. S. 49 ff.).*

Wenn Eltern Förderung einfordern

Nicht immer ist es die Kita, auch Eltern sind gelegentlich der Auffassung, ihr Kind müsse mehr gefördert werden oder die Kita soll weitere Angebote machen. Wenn das geschieht, ist es Aufgabe der Erzieher, das Anliegen der Eltern ernst zu nehmen.

Dabei geht es zunächst ums Zuhören und Verstehen. Ein voreiliges Eingehen auf die Wünsche der Eltern („Ich kümmere mich darum") ist ebenso zu vermeiden wie eine grundsätzliche Ablehnung („Klara bekommt genug Angebote"). Fassen Sie eine Forderung der Eltern nicht als Angriff gegen Sie persönlich oder die Kita auf, gegen den Sie sich wehren müssen. Selbst wenn Nachfragen oder Wünsche von Eltern skeptisch oder gar aggressiv formuliert werden, muss es sich nicht um Kritik an Ihnen oder der Einrichtung handeln.

Viele Mütter und Väter sind engagiert, gut informiert und kennen ihr Kind besser als jeder andere. Ein Austausch mit ihnen bringt deshalb immer die Chance mit sich, etwas in der eigenen Einrichtung zu verbessern. Blocken Sie kritische Fragen deshalb nicht von vornherein ab, sondern fassen Sie sie als Gesprächsangebot auf.

Umgang mit kritischen Fragen

Kritik an der Kita, am pädagogischen Konzept oder an der Erzieherin als Person ist ohne Zweifel eine Herausforderung. Ein wenig leichter ist der Umgang mit einer solchen Situation auch dann, wenn Sie sich klarmachen, dass Kritik der Eltern meist nicht persönlich gemeint ist. Vielmehr ist Kritik ein Ausdruck der Sorge um das eigene Kind oder eine wahrgenommene Verletzung oder Vernachlässigung der Interessen.

Wenn sich Erzieher souverän auf die Anliegen von Eltern einlassen und den eigenen Standpunkt gut begründen, stärken und verbessern sie damit im besten Fall die Beziehung zu den Eltern. Schließlich ist es auch immer möglich, dass von Kitaseite etwas übersehen wurde oder sich eine Nachlässigkeit eingeschlichen hat. Auch vor diesem Hintergrund ist es ein Zeichen von Respekt, auf die Meinung der Eltern einzugehen.

Auf einen Blick: Auf Wunsch nach mehr Förderung reagieren

Auf Eltern, die mehr Förderung oder einen anderen Umgang mit ihrem Kind einfordern, reagieren Sie daher am besten so:

- ***Nachfragen***
  „Was genau stört Sie an der jetzigen Situation?"
- ***Verständnis signalisieren***
  „Ich kann verstehen, dass Sie sich wünschen, dass Klara genauso gut gefördert wird."
- ***Gefühle verbalisieren***
  „Das hört sich an, als wären Sie im Moment ganz unzufrieden damit, wie die Situation ist."
- ***Wünsche abfragen***
  „Was sollten wir denn Ihrer Meinung nach konkret tun, um Klara ausreichend zu fördern?"
- ***Zustimmung signalisieren***
  „Ich bin froh, dass Sie das so offen ansprechen. Wir haben ja dasselbe Anliegen, nämlich alle Kinder möglichst gut zu fördern."

Es geht also darum, herauszufinden, was die Eltern genau wollen, was sie erwarten und welche konkreten Vorstellungen sie mit ihrer Nachfrage verbinden. Respekt vor dem Standpunkt der Eltern und der ehrliche Wille, sie zu verstehen, ist daher ein Muss in der Kommunikation. Das bedeutet nicht, dass Eltern alles mitbestimmen und allen Forderungen nachgekommen wird. Im Sinne einer guten Erziehungspartnerschaft geht es aber auch bei dem Wunsch nach mehr Förderung darum, Mütter und Väter dort abzuholen, wo sie stehen.

Beispiel

Mutter: „Wir denken darüber nach, Timo ab dem Sommer im Waldkindergarten anzumelden.

Erzieher: „Was? Das überrascht mich sehr. Gibt es einen Grund dafür?"

Mutter: „Wir finden, er entwickelt sich hier nicht so, wie er es könnte."

Erzieher: „Was meinen Sie damit denn konkret?"

Mit seiner Frage versucht der Erzieher herauszufinden, welche Motive hinter der Entscheidung der Eltern stehen. Aus den Plänen, Timo in eine andere Einrichtung zu geben, wird bereits klar, dass sie unzufrieden mit der aktuellen Situation sind. Dieses Gefühl kann er direkt ansprechen:

- *„Sie sind unzufrieden mit der Art, wie er hier gefördert wird?"*

Damit lädt er die Eltern ein, ihre Motive zu benennen. Indem er positiv reagiert (*„Ich merke, wie viel Ihnen daran liegt, dass Ihr Sohn entsprechend seiner Fähigkeiten gefördert wird"*), zeigt er seine Toleranz für andere Methoden und positioniert sich gleichzeitig als professioneller Gesprächspartner auf Augenhöhe. Auf dieser Grundlage kann er ggf. unterschiedliche Sichtweisen abgleichen, Erwartungen der Eltern erfahren und Handlungsspielräume der Kita deutlich machen.

Um Verhaltensänderung bitten

Familie Fries bringt ihre Tochter Lisa selten pünktlich zum Morgenkreis in die Kita. Für die Erzieher ist das ein Ärgernis, weil Lisas Zuspätkommen immer wieder den Morgenkreis unterbricht und Unruhe in den Ablauf bringt. Außerdem beobachten sie, dass das 3-jährige Mädchen langsamer ins Spiel findet, wenn sie so spät ankommt.

Erzieherin Anna Lose hat sich deshalb vorgenommen, das Thema anzusprechen. Als Frau Fries Lisa einige Tage wieder zu spät bringt, ergreift sie die Gelegenheit und bittet die Mutter beim Abholen um ein Gespräch.

Beispiel

Erzieherin: „Frau Fries, schön, dass Sie sich Zeit genommen haben. Ich würde gern mit Ihnen über den Zeitpunkt sprechen, zu dem Sie Lisa bringen."

Mutter: „Ja, worum geht es denn? Ist etwas passiert?"

Erzieherin: „Nein, es ist nichts passiert. Ich habe aber eine Bitte an Sie: Mir ist aufgefallen, dass Lisa heute Morgen erst um kurz vor 9:00 Uhr in die Kita gekommen ist. Da hatten wir gerade mit dem Morgenkreis angefangen. In den letzten Wochen war sie auch öfter spät dran. Bitte bringen Sie sie doch künftig bis spätestens 8:30 Uhr, dann kann sie mit allen anderen Kindern zusammen in den Kitatag starten."

Mutter (wiegelt ab): „Ach, sie ist doch sowieso so lange da. Morgens kommt sie so schwer in die Gänge und dann lasse ich ihr lieber die Zeit. "

Erzieherin: „Sie wollen sie also morgens nicht hetzen?"

Mutter: „Genau, der Tag ist ja noch lang genug, dann soll sie wenigstens morgens ihre Ruhe haben."

Erzieherin (signalisiert Verständnis für die Position der Mutter): „Das kann ich verstehen, dass Ihnen das wichtig ist. So ein Kitatag ist tatsächlich recht lang."

(führt das Wohl des Kindes als Grund an): „Und genau deshalb ist es wichtig für Lisa, den Tag hier in Ruhe zu beginnen. Wenn sie viel später kommt als die anderen, fällt ihr das schwer, weil sie nicht so gut in die Gruppe hineinfindet und oft lange am Rand steht, bis sie Spielkameraden gefunden hat."

Mutter (versucht, der Erzieherin die Verantwortung zuzuschieben): „Können Sie da nicht drauf achten? Ich meine, das ist doch eigentlich auch Ihre Verantwortung."

Erzieherin (geht darauf nicht weiter ein und wiederholt ihre Aussage): „Natürlich haben wir alle Kinder im Blick. Aber in die Spielsituation greifen wir nicht ein. Das ist auch gar nicht nötig, die Kinder kriegen das sehr gut hin. Lisa auch. Es ist bloß schwieriger für sie, wenn sie so viel später ankommt."

Mutter (wehrt ab): „Ja, aber ich schaffe das nicht früher."

Erzieherin (bekräftigt noch einmal ihr Anliegen und nennt ihren konkreten Wunsch): „Wissen Sie, es wäre mir wirklich wichtig, dass Lisa pünktlich kommt. Für sie ist der Einstieg morgens dann leichter. Wenn Sie sie statt um 9:00 Uhr um 8:30 Uhr bringen, kann sie mit den anderen zusammen in den Gruppenraum gehen und gleich von Anfang an im Morgenkreis dabei sein. Wäre das für Sie machbar?"

Mutter (zögert): „Ich weiß nicht."

Erzieherin (schlägt einen Probezeitraum vor): „Lassen Sie es uns doch mal eine Woche ausprobieren. Sie bringen Lisa bis 8:30 Uhr und ich habe sie extra im Auge. Ende der Woche sprechen wir noch mal darüber, wie es Ihnen damit gegangen ist. Ich kann Ihnen erzählen, was ich in Bezug auf Lisas Spielverhalten beobachtet habe."

Mutter: „Na gut."

Was ist passiert?

Die Mutter ist nicht ganz überzeugt, doch das Vorgehen der Erzieherin hat dazu beigetragen, dass sie bereit ist, sich erst einmal auf das Anliegen von Anna Lose einzulassen. Die Erzieherin hat:

- ✔ **Verständnis gezeigt** und Vorwürfe vermieden („Ich kann verstehen ..."),
- ✔ **nachgefragt** („Sie wollen also ...?"),
- ✔ aus der **Ich-Perspektive** gesprochen („Es ist mir wichtig, dass ..."),
- ✔ **konkrete Vorschläge gemacht** („Bringen Sie sie um 8.30 Uhr"),
- ✔ **Erfolgskontrolle vorgeschlagen** („Nach einer Woche sprechen wir darüber").

Nicht immer lassen sich Eltern so leicht überzeugen. Doch auch dann ist es wichtig, bei den oben beschriebenen Gesprächsregeln zu bleiben und sich nicht auf einen Machtkampf einzulassen.

Als Argumentationshilfe können Sie sich auch auf feste Regeln berufen, z. B. in Bezug auf die Hol- und Bringzeit, Teilnahme an bestimmten Angeboten, gemeinsame Mahlzeiten bzw. Inhalt der Brotbox, Vorgehen bei kranken Kindern usw. Formulieren Sie die Regeln, die Sie für nötig halten im Team und informieren Sie die Eltern schon beim Anmeldegespräch darüber. Einige Kitas lassen sich solche Kitaregeln sogar gegenzeichnen. Dann können Sie sich darauf berufen, wenn es zu Meinungsverschiedenheiten kommt, weil sich Eltern nicht daran halten.

Die Frage, was in die Brotdose gehört und was nicht, sorgt immer wieder für Unstimmigkeiten.

Kranke Kinder in der Kita

Die Mutter der 4-jährigen Theresa schiebt ihre Tochter nur kurz zur Kitatür hinein, dann ist sie schon wieder verschwunden. Beim Morgenkreis sitzt Theresa apathisch da und gegen Mittag fällt Erzieher Lars Hoppe auf, dass die Augen des Mädchens ganz glasig aussehen. Er misst Fieber und stellt fest, dass Theresa 39,3 Grad Temperatur hat. Was ist zu tun?

Beispiel

Im Fall der kranken Theresa ruft der Erzieher die Mutter an:

Erzieher: „Frau Huber, hier ist Lars Hoppe aus der Kita ‚Sternenkinder'. Theresa geht es nicht gut, sie hat hohes Fieber. Bitte kommen Sie gleich vorbei und holen sie ab."

Mutter: „Das gibt's doch gar nicht, heute Morgen ging es ihr noch gut."

Erzieher: „Ja. Aber jetzt hat sie Fieber, 39,3 Grad. Bitte kommen Sie gleich vorbei."

Mutter: „Das geht nicht, ich habe gleich eine wichtige Besprechung. Ich schaffe es erst in zwei Stunden."

Erzieher: „Tut mir leid, aber Sie müssen Theresa sofort abholen. Ich kann mich hier nicht um sie kümmern und es geht ihr wirklich schlecht."

Mutter: „Na gut, wenn es sein muss."

Was ist passiert?

Im Telefonat versucht die Mutter, das Anliegen des Erziehers abzuwehren. Dieser geht aber auf das Leugnen („*Das kann doch gar nicht sein*") und die Abwehr („*Das geht nicht, ich habe eine Besprechung*") gar nicht ein. Stattdessen wiederholt er höflich sein Anliegen („*Sie müssen Lisa sofort abholen*") und verweist auf das Wohl des Kindes.

Erkrankte Kinder sind für Eltern aus mehreren Gründen eine Stresssituation:

- ✔ Eltern machen sich Sorgen um ihr Kind.
- ✔ Arbeitende Eltern stehen oft unter Druck, wenn sie zu Hause bleiben und ihr Kind pflegen müssen.

Das sollten Sie berücksichtigen, wenn Sie Eltern bitten, keine kranken Kinder in die Kita zu bringen. Vermeiden Sie Vorwürfe, wie *„Es ist unverantwortlich, dass …"* oder Unterstellungen *„Sie wussten doch genau, dass …"*. Betonen Sie stattdessen das Wohlergehen des Kindes und – falls die Eltern kein Verständnis zeigen – auch die Regeln Ihrer Einrichtung. Berufen können Sie sich ggf. auch auf das Infektionsschutzgesetz, das Kinder mit ansteckenden Krankheiten, wie Masern, Mumps, Keuchhusten, Scharlach und Windpocken ebenso wie mit Kopflausbefall, Krätze oder Brechdurchfall vom Kitabesuch ausschließt.

Wenn schon beim Bringen erkennbar ist, dass es dem Kind nicht gut geht, verweigern Sie höflich, aber bestimmt die Annahme:

- *„Frau Huber, so können Sie Theresa nicht hierlassen. Sie hat noch Fieber."*

Problematisch ist es für die Erzieherinnen dann, wenn nicht eindeutig klar ist, ob das Kind krank genug ist, um ein Abholen zu rechtfertigen. Dann können Sie:

- ✔ Rücksprache mit einer Kollegin halten,
- ✔ die Eltern anrufen, den Zustand des Kindes schildern und den Eltern freistellen, ob sie ihr Kind abholen wollen.

Auf Kita-Regeln verweisen

Kinder, die trotz Krankheit in die Kita gebracht werden, sind ein typischer Anlass, Eltern um eine Verhaltensänderung zu bitten. Immer wieder kommt es vor, dass fiebrige, stark erkältete Kinder, Kinder mit Durchfall oder mit Läusen morgens in der Kita abgegeben werden. Vor allem für den Fall, dass die Krankheitssymptome nicht 100 Prozent eindeutig sind, benötigen Sie klare Regeln innerhalb des Teams, z. B. darüber, wo und wie oft Fieber gemessen wird und wie hoch es ist, bevor die Eltern angerufen werden, in welcher Form und wie oft Durchfall oder Erbrechen auftritt.

Für den Umgang mit kranken Kindern legen Sie im Team ein einheitliches Verhalten fest, das nicht zur Diskussion steht. Bei Krankheit steht das Wohl des Kindes im Vordergrund, nicht die Interessen der Eltern – auch wenn diese nachvollziehbar sind.

So könnten Ihre Regeln lauten:

- *In die Kita kommen gesunde Kinder.*
- *Kranke Kinder sind zu Hause besser aufgehoben und werden nicht in die Kita gebracht.*
- *Kranke Kinder werden zu Hause betreut, bis sie gesund sind.*
- *Kinder mit Fieber ab 38 Grad kommen erst wieder in die Kita, wenn sie mindestens einen Tag fieberfrei sind.*
- *Kinder mit ansteckenden Krankheiten brauchen ein Attest vom Arzt, bevor sie wieder in die Kita kommen dürfen.*
- *Das Attest bestätigt, dass keine Ansteckungsgefahr mehr vorliegt.*
- *Eltern werden benachrichtigt, wenn ihr Kind erkrankt ist, und sollen schnellstmöglich kommen und das Kind abholen.*

Kranke Kinder in der Kita sind oft ein Auslöser von Konflikten.

Wenn Eltern in der Krise sind

„Mein Mann hat mich verlassen, jetzt stehe ich ganz allein mit den Kindern da."
„Alles ist so sinnlos, ich weiß einfach nicht, wie es weitergehen soll."

Es kommt immer wieder vor, dass Sie im Elterngespräch mit Situationen konfrontiert werden, die Sie erschrecken, rat- oder hilflos machen. Schicksalsschläge, Krankheiten, Trennungen oder Erziehungsprobleme kommen auch in der Kita an – oft auf einer sehr persönlichen, emotionalen Ebene. Im Elterngespräch erleben Sie dann vielleicht heftige Gefühle, Tränen oder andere Reaktionen, die ungewohnt und vielleicht sogar erschreckend sein können. Starke Gefühle, vor allem Trauer, Angst und Verzweiflung, können uns darüber hinaus in einen Strudel ziehen und es schwer machen, uns abzugrenzen.

Wenn Sie mit Gefühlen und Anliegen konfrontiert sind, auf die Sie nicht sofort eine Antwort haben, nehmen Sie das Vertrauen, das Eltern Ihnen mit ihrer Offenheit zeigen, zunächst einmal vorbehaltlos an. Selbst wenn Sie (verständlicherweise) verunsichert sind, versuchen Sie nicht sofort reflexartig, die Emotionen zu unterbinden. Das mag schwerfallen, denn selbst für erfahrene Gesprächsprofis ist es nicht leicht, sich zurückzunehmen und Gefühle im eigentlich professionellen Gespräch auszuhalten. Denken Sie aber daran, dass angesichts von Schicksalsschlägen Ihre Anteilnahme den Betroffenen oft mehr hilft als

- ✔ gute Ratschläge („*Haben Sie denn schon einmal daran gedacht ...*"), die dann doch nicht befolgt werden,
- ✔ Herunterspielen („*So schlimm ist es ja nun auch nicht*"),
- ✔ Trösten („*Das wird schon wieder*"),
- ✔ Nicht ernst nehmen („*Weinen Sie jetzt etwa?*"),
- ✔ eigene Erfahrungen anbringen („*Genauso habe ich mich auch gefühlt, als ...*").

Diese Dinge erfüllen zwar den Zweck, die Situation zu beenden und zu „normalisieren". Damit ist aber in erster Linie Ihnen selbst gedient.
Ihrem Gegenüber helfen Sie viel mehr, indem Sie aktives Zuhören einsetzen und Emotionen zulassen, statt sie möglichst schnell unter den Teppich zu kehren. Reichen Sie ein Taschentuch und signalisieren Sie, dass es okay ist, wenn Eltern weinen oder von ihren Problemen erzählen. In der Regel endet ein solcher Ausbruch schnell wieder. Danach geht es den Eltern oft besser und sie sind dankbar für die Erleichterung. Anschließend können Sie, wenn Sie sich damit selbst wohlfühlen, das Gefühl ansprechen und versuchen, gemeinsam eine Lösung zu finden:

- *„Das geht Ihnen jetzt sehr nahe. Wollen Sie darüber sprechen, was Sie daran so traurig macht?"*

Versuchen Sie, im Gespräch die Handlungsfähigkeit der Eltern zu betonen, und auf vorhandene Ressourcen hinzuweisen, ohne die Situation zu beschönigen. Das geschieht am besten durch Fragen:

- *„Was könnten Sie sich denn noch vorstellen, was Ihnen jetzt helfen würde?"*

> *Hilfreich in Situationen, in denen Sie mit starken Gefühlen oder Schicksalsschlägen konfrontiert sind, können mentale Hilfssätze, wie „Es ist ihr Schmerz, nicht meiner" sein.*

Eigene Grenzen wahrnehmen

Setzen Sie sich aber nicht unter den Druck, für alle Schwierigkeiten eine Lösung zu finden, selbst wenn Ihnen die Eltern sehr leidtun. Als Pädagogin können Sie in schweren Situationen begleiten und ein Stück weit beraten. Es liegt aber nicht in Ihrer Hand (und auch nicht in Ihrer Verantwortung) die Probleme einer Person oder einer Familie zu lösen. Sollten angesichts persönlicher Probleme der Eltern ein Gefühl von Überforderung bei Ihnen aufkommen, so ist auch das völlig legitim und muss nicht versteckt werden.

Beispiel

- *„Ich würde Ihnen so gern helfen, aber im Moment habe ich einfach keinen Rat für Sie."*
- *„Ich bin, ehrlich gesagt, auch ziemlich ratlos, was Ihnen jetzt am besten helfen könnte. Womit könnte ich Sie denn jetzt hier, in der Kita, am besten unterstützen?"*
- *„Damit bin ich im Moment selbst auch überfragt. Ich finde aber gern genauere Information für Sie heraus. Soll ich Sie Anfang nächster Woche noch einmal deswegen ansprechen? Bis dahin weiß ich mehr über …"*

Bei aller Anteilnahme sind Sie nicht dafür zuständig, jedes Problem zu lösen. Wichtig und sinnvoll ist es dagegen, dass Sie einen guten fachlichen Überblick haben und wissen, welche Hilfsangebote, Organisationen etc. für die meisten Probleme des Familienlebens in Ihrer Region zur Verfügung stehen. Vergessen Sie angesichts schwerer und oft unlösbarer Probleme der Eltern vor allem nicht, auf sich selbst zu achten. Gerade, wer öfter mit schwerwiegenden Problemen konfrontiert wird, reagiert leicht mit Mutlosigkeit, Unzufriedenheit und Frust. Dabei benötigen auch erfahrene Fachkräfte Unterstützung, z. B. in Form regelmäßiger Supervision.

Wenn Eltern in der Krise sind, belastet das auch Erzieher.

Verdacht auf Kindeswohlgefährdung ansprechen

Im Alltag mit den Kindern (und Eltern) kommt es vor, dass Ihnen auffällt, wenn mit einem Kita-Kind „etwas nicht stimmt". Möglicherweise wirkt es über einen längeren Zeitraum besonders ungepflegt, zeigt ungewöhnlich aggressives Verhalten oder zieht sich ganz in sich selbst zurück. Vielleicht hat es auch Verletzungen, die Sie misstrauisch machen, weil sie sich nicht plausibel erklären lassen.

Die Basis für Ihr rechtlich und fachlich korrektes Vorgehen bei Kindeswohlgefährdung liefert § 8a Abs. 4 SGB VIII:

„In Vereinbarungen mit den Trägern von Einrichtungen und Diensten, (...) ist sicherzustellen, dass

1. *deren Fachkräfte bei Bekanntwerden gewichtiger Anhaltspunkte für die Gefährdung eines von ihnen betreuten Kindes oder Jugendlichen eine Gefährdungseinschätzung vornehmen,*
2. *bei der Gefährdungseinschätzung eine insoweit erfahrene Fachkraft beratend hinzugezogen wird (...)"*

Wenn Sie den Eindruck haben, dass zu Hause oder im Umfeld des Kindes die grundlegenden Voraussetzungen für eine gesunde Entwicklung nicht oder nicht mehr gegeben sind, müssen Sie aktiv werden. Das bedeutet, dass Sie zunächst alle Auffälligkeiten beobachten und sorgfältig schriftlich dokumentieren. Suchen Sie auch das Gespräch mit dem Team und ziehen Sie eine erfahrene externe Fachkraft hinzu, falls sich Ihr Verdacht im Austausch erhärtet. Anschließend müssen Sie mit den Eltern sprechen und ggf. entsprechende Hilfen in die Wege leiten.

So gehen Sie im konkreten Verdachtsfall auf Kindeswohlgefährdung vor[3]:

- ✔ Dokumentieren Sie Beobachtungen schriftlich und mit Datum. Fotos und Videoaufnahmen sind nicht zulässig, wenn die Eltern nicht eine entsprechende Zustimmung abgezeichnet haben.
- ✔ Wenden Sie sich in der Kita als Erstes an Kollegen oder die Leitung und besprechen Sie Ihre Vermutung. Die Fallverantwortung liegt letztlich bei der Leitung der Kindertagesstätte.
- ✔ Überlegen Sie zusammen, welche Hilfen im konkreten Fall erforderlich und geeignet wären, um eine mögliche Gefährdung abzuwenden.
- ✔ Holen Sie noch vor dem Gespräch mit den Eltern anonym externe Hilfe und Beratung ein, um Ihre Vermutungen abzusichern und eine Risikoabschätzung vorzunehmen. Externe Fachkräfte im Bezug auf Kindeswohlgefährdung finden Sie z. B. beim Jugendamt oder bei freien Trägern der Jugendhilfe, die in diesem Bereich tätig sind (z. B. Caritas, AWO, Diakonie etc.). Informieren Sie sich über Ansprechpartner in Ihrer Umgebung oder direkt beim Jugendamt.
- ✔ Vereinbaren Sie zeitnah einen Termin für das Gespräch mit den Eltern. Es ist hilfreich, das Gespräch mit einer Kollegin oder der Leitung zu führen, damit eine Person ein Protokoll verfassen kann.
  Wird nur ein Elternteil als Verursacher vermutet, suchen Sie das Gespräch mit dem anderen Elternteil.
- ✔ Empfehlen Sie den Eltern die Inanspruchnahme von Hilfen. Dazu können Sie sie an externe Dienste (z. B. das Jugendamt oder freie Träger) verweisen, wo sie beraten werden. Treffen Sie verbindliche Absprachen darüber, welche Maßnahmen von wem eingeleitet werden. Dokumentieren Sie die Absprachen und lassen Sie sie von beiden Gesprächsparteien unterzeichnen.
- ✔ Begleiten Sie die Eltern während der Zeit, in der die Maßnahmen getroffen werden, und seien Sie stets offen für Gespräche. So können Sie weiter beobachten und dokumentieren, wie die Entwicklung ist und ob die Hilfen angenommen werden.

[3] In Anlehnung an: Der Paritätische Gesamtverband (Hrsg.) 2016, S. 41–55.

- ✔ Überprüfen Sie Ihre getroffenen Absprachen nach einiger Zeit und leiten Sie ggf. weitere Schritte ein, wenn Eltern sich nicht an die Absprachen halten.
- ✔ Wenn Eltern nicht bereit sind, Hilfen anzunehmen, und weiterhin das Wohl des Kindes gefährdet bleibt, müssen Sie letztlich das Jugendamt informieren, das sich schließlich mit der Familie auseinandersetzt und den weiteren Verlauf begleitet.
- ✔ Seien Sie sich jedoch bewusst, dass Sie in diesem weiteren Verlauf eine wichtige begleitende Position haben, weil Sie eine Vertrauensperson für die Familie sind und das Kind weiter in seiner Entwicklung fördern.

Bei einer akuten Gefährdungslage des Kindes wenden Sie sich unverzüglich an das Jugendamt, bei Nichterreichbarkeit ggf. an die Polizei.

Der Paritätische Gesamtverband hat zu diesem Thema die Broschüre „Arbeitshilfe Kinder- und Jugendschutz in Einrichtungen. Gefährdung des Kindeswohls innerhalb von Instutitionen" herausgegeben, in der die einzelnen Schritte, die man bei Verdacht auf Kindeswohlgefährdung einleiten sollte, ausführlich erklärt werden. Dort finden Sie auch Kopiervorlagen für Beobachtungszwecke etc. Diese Arbeitshilfe können Sie kostenlos im Internet herunterladen.

Beispiel
„Wir möchten heute etwas mit Ihnen besprechen, das uns große Sorgen macht. Es hat uns alarmiert, dass Frieda neulich … Aus unserer Sicht hat sie Gewalt erlebt. Was ist Ihnen dazu aufgefallen?"

Das Ansprechen von Gewalt erfolgt in jedem Fall gut überlegt, denn ohne Frage stellt es eine Konfrontation dar, die ein Vertrauensverhältnis zwischen Kita und Elternhaus ernsthaft ins Wanken bringt. Bei Kindeswohlgefährdung muss aber das Wohl des Kindes im Mittelpunkt stehen. Wenn die Eltern auf Ihre Äußerung hin den Verdacht abstreiten, bleiben Sie ruhig und lassen Sie sich nicht einschüchtern:

Beispiel
Erzieherin: „Ihre Tochter hatte blaue Flecken. Wie ist es dazu gekommen?"
Mutter: „Was fällt Ihnen ein, zu behaupten, ich hätte meine Tochter geschlagen! Das muss ich mir nicht gefallen lassen. Sie haben mich schon die ganze Zeit auf dem Kieker, das hat Folgen. Ich zeige Sie an wegen Verleumdung!"
Erzieherin: „Ich kann verstehen, dass Sie wütend sind, weil ich Sie nach Friedas blauen Flecken frage. Das ist aber meine Pflicht, wenn mir so etwas auffällt. Und das ist bei Frieda der Fall. Gewalt in der Erziehung ist verboten und fügt Ihrem Kind schlimmen Schaden zu, der sich nicht mehr rückgängig machen lässt."

Nach den Ursachen fragen

Wenn sich ein Gespräch anschließt, kann die Erzieherin Verständnis für die Situation und Not der Eltern zeigen, ohne mit den Handlungen des gewalttätigen Elternteils einverstanden zu sein:

- *„Ich kann verstehen, dass einem manchmal die Sicherungen durchbrennen und man einfach nur noch rotsieht. Aber es geht trotzdem nicht, für Frieda ist das eine Katastrophe. Darum biete ich Ihnen an, dass wir uns mal in aller Ruhe darüber unterhalten und besprechen, wie sich die Situation entspannen lässt."*

Notieren und dokumentieren Sie im Akutfall, was Sie beobachten, und welche Schritte Sie wann einleiten.

Wenn die Eltern sich nicht verurteilt sehen, sondern erkennen, dass es der Erzieherin um das Kind geht, können vielleicht auch die Gründe für eine gewalttätige Reaktion thematisiert werden:

- *„Was ist denn passiert, dass Sie so die Kontrolle verloren und Frieda geschlagen haben?"*
- *„Worauf schlagen Sie denn eigentlich ein, wenn Sie so ausrasten?"*
- *„Was passiert in dem Moment bei Ihnen, wenn …?"*

Auch die Frage, was helfen könnte, damit ein gewalttätiger Elternteil sich in Zukunft besser im Griff hat, kann gestellt werden:

- *„Was könnte Ihnen denn helfen, dass Sie mit Frieda besser klarkommen, wenn sie …"*
- *„Was könnte Ihr Mann tun, wenn Sie nächstes Mal so wütend werden?"*
- *„Gibt es etwas, damit Sie sich besser unter Kontrolle haben?"*

Bieten Sie konkrete Hilfen an, indem Sie Ansprechpartner nennen und die Eltern an Stellen verweisen, wo ihnen geholfen werden kann.
Machen Sie den Eltern klar, dass Sie das Kind weiter beobachten und nachfragen werden, ob sich an der Situation etwas geändert hat.

Nicht verunsichern lassen

Bleibt die Mutter bei ihrer Behauptung, es sei nichts geschehen, machen Sie Ihren Standpunkt noch einmal deutlich:

- *„Wenn Sie sagen, die blauen Flecken kommen nicht von zu Hause, kann ich das erst mal nur so akzeptieren. Wir werden Frieda aber beobachten und sehen, wie es ihr geht. Wenn so etwas noch einmal vorkommt, sind wir verpflichtet, das Jugendamt einzuschalten."*

Übung: Definieren und Leitfaden erarbeiten

Setzen Sie sich im Team damit auseinander, was Sie unter dem Begriff Kindeswohlgefährdung verstehen, und zählen Sie auf, welche Situationen/Taten dazugehören. Erarbeiten Sie ggf. mithilfe des Kinder- und Jugendhilfegesetzes, Ihrer Fachberatung o. Ä., welche Schritte Sie im Verdachtsfall gehen müssen. Notieren Sie sich für den Akutfall in kurzen Stichpunkten, was Sie wann machen sollten. Diese Übersicht können Sie für alle Kollegen kopieren.

Unzufriedenheit/Beschwerden

Unterschiedliche Ansichten über Erziehung

Sollen Kinder mit drei Jahren unbedingt trocken sein? Kann Lena sich selbst anziehen oder braucht sie Hilfe dabei? Ist es okay, dass Felix mit seinem älteren Bruder an der Playstation spielt? Wie viel Tischmanieren sind wünschenswert?

All diese Fragen zeigen, wie unterschiedlich Ansichten über Erziehung und über das, was wichtig, sinnvoll oder total unnötig ist, sein können. Abweichende Vorstellungen über Erziehung gehören deshalb zu den häufigsten Auslösern für Konflikte in der Kita. Sie entzünden sich z. B., wenn Eltern mit den Erziehungsmethoden und Grundsätzen der Kita nicht einverstanden sind oder wenn Erzieher aus Sorge ums Kind einen Missstand ansprechen. Solche Gespräche wertschätzend zu führen, gehört zu den großen Herausforderungen im Kita-Alltag.

Beispiel 1: Janas Mutter ist ehrgeizig

Erzieherin Anna Lose beobachtet, dass Frau Sommer, die Mutter der 5-jährigen Jana, starken Leistungsdruck auf ihre Tochter ausübt. Das Mädchen kommt im Sommer in die Schule und schon seit Jahresanfang übt die Mutter täglich mit ihr Schreiben. Sie erzählt oft, wie sehr sich ihre Tochter auf die Schule freut. Im Kindergarten wirkt Jana dagegen bedrückt und verschlossen.

Obwohl die Erzieherin vermutet, dass die Mutter abwehrend auf ein „Einmischen" der Kita reagieren wird, macht sie sich Sorgen um Jana und sucht deshalb das Gespräch. Zur Vorbereitung legt sie ein Abc-Blatt bereit, das die Kita mit der Grundschule für die Eltern vorbereitet hat, um die Familien auf den Übergang vorzubereiten.

Beispiel

Erzieherin: „Frau Sommer, ich mache mir Gedanken um Jana. Sie haben mir doch neulich diesen Brief gezeigt, den sie geschrieben hat, und erzählt, dass Sie jetzt jeden Tag mit ihr schreiben üben. Ich denke, dass Sie Jana damit überfordern."

Mutter: „Aber das macht ihr Spaß. Sie will das gern."

Erzieherin: „Mir ist aufgefallen, dass sie in den letzten Wochen sehr still und verschlossen wirkt. Und sie hat gar keine Lust mehr, an den Schuki-Angeboten teilzunehmen. Bemerken Sie das auch?"

Mutter: „Nein, zu Hause ist alles in Ordnung."

Erzieherin: „Das kann gut sein. Kinder verhalten sich zu Hause oft anders als in der Kita. Ich möchte Sie trotzdem bitten, nicht so viel mit Jana zu üben. Ich fürchte, sie verliert die Freude am Lernen. Sie war sonst immer mit viel Freude bei der Sache. Aber in letzter Zeit hat sich das geändert."

Mutter: „Das ist ja wohl meine Entscheidung. Ich will ihr einfach helfen. Wenn sie schon lesen kann, wenn sie in die Schule kommt, ist sie gleich von Anfang an vorn dabei."

Erzieherin: „Sie wollen Jana also helfen?"

Mutter: „Genau. In der Kita passiert nicht so viel. Mein Neffe ist so alt wie Jana und kann das ganze Abc schreiben. Und hier malen Sie noch Männchen mit den Schukis."

Erzieherin: „Das hört sich an, als würden Sie sich Sorgen machen, dass Jana nicht alles mitkriegt, was sie für den Schulstart braucht?"

Mutter: „Genau."

Erzieherin: „Ich kann verstehen, dass Sie Jana einen guten Start ermöglichen wollen. Das liegt uns auch am Herzen. Wir haben mit der Grundschule deshalb eine Kooperation, das wissen Sie ja. Ich möchte Ihnen zeigen, welche Angebote wir mit den Schukis machen."

Sie erläutert das Konzept der Kita und zeigt einige Materialien. Dann macht sie einen konkreten Vorschlag, wie die Mutter zu Hause vorgehen kann.
Erzieherin: „Ich kann verstehen, dass Sie Jana den Start in die Schule erleichtern wollen. Sie ist ein wissbegieriges Mädchen, das sehe ich auch. Heute wissen wir aber, dass es gar nicht so gut ist, wenn die Kinder schon zu Hause das Lesen und Schreiben lernen. Viele verlieren dann die Lust, wenn sie sich überfordert fühlen. Es gibt aber andere Ideen, wie Sie mit Jana üben können, wenn sie das gern möchte. Ich empfehle Ihnen … Was halten Sie davon?"
Mutter: „In Ordnung, das probiere ich aus. Vielleicht haben Sie Recht und es ist besser, Jana etwas Zeit zu lassen."

Was ist passiert?

Die Erzieherin beginnt das Gespräch mit einer Ich-Botschaft („*Ich mache mir Gedanken*"). Danach schildert sie ihre Beobachtung, um der Mutter zu verdeutlichen, worum es ihr geht.
Die Mutter wehrt das zunächst ab und setzt ihre Beobachtung dagegen. Die Erzieherin bestätigt die Mutter in ihrer Wahrnehmung, bleibt aber bei ihrer Beobachtung. Daraufhin wird die Mutter heftiger und wehrt das Einmischen der Kita ab („*Das ist meine Entscheidung*"). Die Erzieherin reagiert mit aktivem Zuhören und fragt nach, um zu verstehen („*Sie wollen ihr also helfen?*"). Damit zeigt sie der Mutter ihre Bereitschaft, auf Augenhöhe zu kommunizieren.
Nun erklärt diese ihre Beweggründe genauer („*Mein Neffe ist genauso alt wie Jana und kann schon das ganze Abc schreiben*"). Die Erzieherin kennt nun die Beweggründe der Mutter. Sie zeigt ihr Verständnis und bringt ihre Argumente vor. Mit ihrer guten Vorbereitung, der Sachinformation („*Heute wissen wir aber, dass …*") und dem konkreten Vorschlag zeigt sie der Mutter gegenüber ihre Kompetenz als Pädagogin.

Hilfreich ist, dass sie nicht gegen die Mutter argumentiert, sondern ihr Anliegen verbalisiert und es zu ihrem eigenen macht („*Das liegt uns auch am Herzen*").
Mit der Formulierung „*Was halten Sie davon?*" signalisiert sie ein weiteres Mal, dass sie mit der Mutter auf Augenhöhe spricht und sie als Expertin fürs eigene Kind ernst nimmt.

Beispiel 2: Felix spielt lange Playstation

Felix ist morgens oft unausgeschlafen und aggressiv. Seine Mutter erzählt dem Erzieher, dass er abends mit den älteren Geschwistern fernsehen darf oder Playstation spielt, während sie den Haushalt macht.

Der Erzieher hat das im Hinterkopf, als er die Mutter anspricht.

Beispiel

Erzieher: „Frau Schneider, ich beobachte, dass Felix morgens oft sehr aggressiv ist. Er haut dann die anderen Kinder oder wird wütend, wenn sie nicht mit ihm spielen wollen."
Mutter: „Ach, Kinder, Sie wissen doch, wie die sind."
Erzieher: „Ja, die können ganz schön aufdrehen. Aber ich könnte mir vorstellen, dass bei Felix noch etwas anderes dahintersteckt. Sie haben mir erzählt, dass er abends oft noch an der Playstation spielt. Das könnte die Ursache sein, warum er morgens so hibbelig ist. Bitte versuchen Sie doch einmal, ihn etwas früher ins Bett zu stecken und vor allem ohne Fernsehen oder Computer vorher."
Mutter: „Der will das aber und der wird abends einfach nicht müde. Und ich habe keine Zeit, mich zu kümmern, ich muss ja noch den ganzen Haushalt machen."
Erzieher: „Das kann ich gut verstehen. Es ist nur so, dass es Felix mit seinem Verhalten gar nicht gut geht."
Mutter: „Das kann ja sein. Aber es geht eben nicht anders. Ich habe auch immer gern mit meinen Geschwistern ferngesehen und es hat mir nicht geschadet."

Erzieher: „Ja. Wenn Sie mögen, können wir ja einmal in Ruhe zusammen überlegen, wie Sie es hinbekommen, dass Felix abends eher zur Ruhe kommt. Was meinen Sie?"
Mutter: „Ja, okay."
Erzieher: „Wie wäre es denn nächste Woche? Hätten Sie da mal Zeit für ein Gespräch?"

Was ist passiert?

Der Erzieher beobachtet ein Erziehungsverhalten, das er ablehnt und von dem er zudem einen Schaden für das Kind befürchtet. Er spricht die Mutter an und reagiert zunächst mit aktivem Zuhören auf deren Rechtfertigung. So bleibt er einfühlsam im Gespräch und kann seine Bedenken äußern. Als die Mutter sich nicht überzeugen lässt, widerspricht er ihr auch nicht, sondern bietet ein weiteres Gespräch an. Darauf lässt sich die Mutter ein.

***Gut zu wissen:** Eltern haben ein Recht auf ihre Erziehungsmethoden und Wertvorstellungen. Es ist nicht Aufgabe der Kita, sie davon abzubringen, auch wenn sie sich von den eigenen Vorstellungen unterscheiden.*

Bespiel 3: Eltern sind aggressiv zum Kind

Beispiel
Mutter: „Wo sind denn jetzt schon wieder deine Schuhe? Na los, jetzt komm endlich, mach schon. Wenn du jetzt nicht sofort herkommst, dann setzt es aber was, Fräulein! Wer nicht hören will, muss fühlen!"

Es ist unüberhörbar – Lenas Mutter ist zum Abholen gekommen. Die Erzieherinnen kennen die Familie und beobachten seit Längerem, wie aggressiv und ungeduldig die Mutter mit ihrer 4-jährigen umspringt. In den letzten Wochen ist der Ton sogar noch rauer geworden. Wie sollen die Kolleginnen darauf reagieren?
Zunächst einmal: Als Erzieherin sind Sie „Erziehungspartnerin" der Eltern. Ihre Ansichten über den richtigen Umgang mit dem Kind müssen sich aber nicht mit denen der Eltern decken. Selbstverständlich haben die Eltern ein Recht auf ihren Erziehungsstil, egal, ob die Kita diesen ablehnt. Solange Eltern bereit sind, die Regeln der Kita zu akzeptieren und sich daran zu halten und auch keine Gefährdung des Kindes vorliegt, besteht in der Regel kein Handlungsbedarf.

Wie lange sollte ein Kind Playstation spielen dürfen?

Trotzdem fällt es schwer, in einer Situation wie der geschilderten nicht einzugreifen. Wenn Sie sich dafür entscheiden, sollten Sie aber Vorhaltungen und Anschuldigungen nach Möglichkeit vermeiden. *„Warum schreien Sie denn Ihr Kind so an?"* oder *„So geht das aber nicht"* würde die Mutter nur in die Verteidigungshaltung drängen.

Setzt sich das aggressive Verhalten fort, werden die Erzieherinnen die Mutter zu einem Gespräch bitten. Schieben Sie solche Termine nicht lange vor sich her, sondern bitten Sie die Eltern zum Gespräch, sobald Sie sich dazu entschlossen haben. Es sollte auch jetzt nicht darum gehen, die Eltern von den eigenen, vermeintlich „besseren" Ansichten zu überzeugen. Nehmen Sie sich als Ziel vor, unterschiedliche Haltungen im Gespräch abzustimmen, um Konflikte und Unsicherheiten für das Kind zu vermeiden. Achten Sie darauf, die Eltern nicht zu belehren, sondern im Sinne einer Erziehungspartnerschaft Argumente auszutauschen. Auch Anschuldigungen (Du-Botschaften) sollten nach Möglichkeit unterbleiben, um keine Negativspirale in Gang zu setzen.

Eltern und Erzieher müssen nicht einer Meinung sein

Es ist besser, im Gespräch zu bleiben und als Partnerin der Eltern aufzutreten, als Familien vor den Kopf zu stoßen. Nur, wenn ein Vertrauensverhältnis besteht und man miteinander redet, gelingt es vielleicht, eine Meinungsänderung anzuregen. Es sollte aber nicht das einzige Ziel des Gesprächs sein.

Wütende Eltern brauchen vielleicht manchmal einfach ein offenes Ohr.

Beispiel

Erzieherin: *„Sie stehen sehr unter Druck zurzeit, ist das richtig?"*
Oder: „Sie sind sauer, weil Lena so lange braucht, um sich fertig zu machen?"
(Jetzt kann die Mutter ihre Empfindungen thematisieren, statt sich zu verteidigen.)
Mutter: *„Ja, genau, sie trödelt aber auch immer so herum, da habe ich fast das Gefühl, sie will mich ärgern."*
Erzieherin: *„Das macht Sie dann richtig wütend, wenn Sie es so eilig haben."*
Mutter: *„Genau. Dabei will ich mich eigentlich gar nicht aufregen, und dann raste ich doch wieder aus."*

Hat die Mutter Vertrauen zur Erzieherin und erkennt sie, dass es dieser nicht darum geht, sie zu verurteilen, kann unter Umständen sogar gemeinsam eine Lösung gefunden werden, die in Zukunft ein ähnliches Verhalten verhindert.

Seien Sie aber nicht frustriert, wenn das nicht gleich gelingt. Erlernte Verhaltensmuster, wie Aggression, lassen sich nicht innerhalb kurzer Zeit ändern. Vor der Frustration, das nicht zu erreichen, können Sie sich nur durch eine realistische Einschätzung Ihrer Möglichkeiten und durch das Setzen erreichbarer Ziele schützen.
Wichtig ist, dass Sie im Gespräch bleiben und dass die Tür zwischen Kita und Elternhaus offen bleibt. Nur dann können Sie Ihren Einfluss weiter geltend machen. Bei allem Verständnis für die Probleme der Eltern muss selbstverständlich Ihre Sorge fürs Kind nicht außen vor bleiben. Wenn die Eltern auf ihrem Verhalten beharren und kein Problembewusstsein zeigen, sollten Sie Ihre Ansicht auch klar äußern und ggf. auf Konsequenzen hinweisen. Im äußersten Fall kann das eine Trennung der Familie von der Kita bedeuten.

Wenn Eltern sich beschweren

„Ich finde das unmöglich", wettert Johanns Vater. „Die Kinder waren schon seit Wochen nicht mehr in der Turnhalle. Ich dachte, Bewegen gehört hier zum Konzept? Wenn ich in meiner Firma so arbeiten würde, wären wir schon längst pleite."

Beschwerden als Angebot zum Dialog annehmen

Keine Frage, Beschwerden von Eltern sind nicht angenehm. Wenn alle zufrieden sind, macht das Arbeiten mehr Freude. Dennoch gehören auch Beschwerden zum Alltag. Wie aber geht man damit um? Grundsätzlich geht es darum, Kritik und Beschwerden nicht abzuwehren und als Angriff zu verstehen, sondern vielmehr als Chance zum Dialog und zur Verbesserung. Machen Sie sich bewusst, dass Fehler vorkommen und dass selbst in der perfekten Kita nichts so gut ist, dass es nicht noch besser werden könnte.

Kommunizieren Sie deshalb von Anfang an deutlich die Einladung an die Eltern, sich mit Vorschlägen einzubringen und Missstände zum Thema zu machen. Das bedeutet nicht, dass jedem Wunsch der Eltern sofort nachgekommen wird und jede Beschwerde gleich zu einer Veränderung führt. Kitas, die Beschwerden annehmen, statt sie reflexhaft abzulehnen, zeigen jedoch, dass

- ✔ Eltern für das Team Erziehungspartner auf Augenhöhe sind,
- ✔ jede Beschwerde ernst genommen wird,
- ✔ Kritik ein Kommunikationsangebot und keinen Angriff darstellt.

Auch wenn Beschwerden unrealistisch erscheinen, sollten Sie sie nicht pauschal zurückweisen. Reagieren Sie besser so:

- *„Vielen Dank für Ihre Offenheit ..."*
- *„Gut, dass Sie das ansprechen ..."*
- *„Ich verstehe Ihren Ärger ..."*
- *„Können Sie mir das bitte genau schildern, damit ich Sie richtig verstehe?"*

Ein positiver Umgang mit Kritik ist übrigens nicht nur für die Eltern, sondern auch für das Team entlastend. Wenn klar ist, dass Beschwerden der Eltern nicht nur vorkommen können, sondern dürfen, ohne dass negative Folgen zu befürchten sind, schwindet die eigene Angst vor vermeintlich schwierigen Situationen und Gesprächen. Wer keine Angst hat, argumentiert überzeugender und ist eher in der Lage, auf sein Gegenüber einzugehen, statt alle Energie auf Abwehr und Verteidigung zu verwenden.

Beispiel

Im Gespräch mit dem ärgerlichen Vater könnte eine Antwort so aussehen:

Vater: „Wenn ich in meiner Firma so arbeiten würde, wären wir schon längst pleite."

Erzieherin: „Vielen Dank für Ihre Offenheit. Ich weiß es zu schätzen, dass Sie das direkt ansprechen. Sie haben recht, wir waren seit drei Wochen nicht mehr in der Turnhalle, weil der Krankenstand im Team so hoch ist. Dafür bauen wir in den Gruppen jetzt gerade viele Bewegungsübungen ein."

Oder so:

Erzieherin: „Sie haben ganz recht, Bewegung gehört bei uns zum Konzept. Ich kann Ihnen auf Anhieb keine Antwort geben, warum die Turnhalle gerade nicht in Betrieb ist, aber ich kümmere mich gern darum. Morgen weiß ich mehr."

> **TIPP**
>
> ***Leitlinien für den Umgang mit Beschwerden formulieren***
> *Wie eine Kita mit Kritik und Beschwerden umgeht, sagt viel über den Charakter der Einrichtung aus. Ein Team, das sich seiner selbst sicher ist und sich auf die Rückendeckung durch Leitung und Träger verlassen kann, ist ein selbstbewusster, professioneller und verlässlicher Dienstleister für die Eltern. Eigene Leitsätze fassen diese Einstellung in Worte. Sie gemeinsam zu erarbeiten, hilft, sich über die grundlegende Haltung klar zu werden. So könnten Leitsätze zum Beschwerdemanagement lauten:*
>
> - *Jede Kollegin ist Ansprechpartnerin für Beschwerden der Eltern, egal, ob sie unmittelbar betroffen ist oder nicht.*
> - *Wir nehmen Beschwerden immer direkt entgegen und leiten sie an die entsprechende Kollegin bzw. an die Leitung weiter.*
> - *Beschwerden werden jederzeit angenommen. Wir nehmen uns Zeit für das Gespräch oder vereinbaren direkt einen Termin.*
> - *Wenn ein Fehlverhalten der Kita vorliegt, geben wir das zu und entschuldigen uns.*
> - *Jede Beschwerde wird ernst genommen und bearbeitet, auch wenn sie uns unangenehm ist oder unser Handeln infrage stellt.*

Aufeinander zugehen, auch wenn es mal schwierig wird.

Eltern lehnen den Erzieher ab

Erzieher Lars bemerkt seit einiger Zeit, dass Timos Mutter abweisend wirkt. Wenn er sie anspricht, antwortet sie nur einsilbig und scheint den Kontakt zu vermeiden. Der Erzieher merkt, wie ihn die Situation belastet und nimmt sich vor, die Mutter in einer ruhigen Minute direkt darauf anzusprechen.

> ***Beispiel***
> *Erzieher: „Ich möchte heute etwas ansprechen, was mir seit Längerem auf der Seele liegt. Ich habe den Eindruck, dass Sie mit meiner Arbeit nicht zufrieden sind. Früher haben wir uns immer so nett unterhalten, wenn Sie Timo abgeholt haben. Aber in letzter Zeit mögen Sie mich kaum noch anschauen. Gibt es irgendetwas, was da vorgefallen ist?“*
> *Mutter: „Hm, ich weiß nicht. Eigentlich nicht.“*
> *Erzieher: „Ich würde das wirklich gern klären. Es belastet mich, wenn ich nicht weiß, ob ich etwas falsch gemacht habe.“*
> *Mutter: „Na ja.“*
> *Erzieher: „Sie wollen das lieber nicht sagen?“*
> *Mutter: „Ich weiß nicht so recht. Es ist schwierig.“*
> *Erzieher: „Bitte geben Sie sich einen Ruck. Es ist mir wichtig zu wissen, was Ihnen zu schaffen macht.“*
> *Mutter: „Na gut. Ich habe den Eindruck, dass Sie mit Timo überfordert sind. Er braucht jemanden, der auf ihn eingeht und sich wirklich für ihn interessiert. Das sehe ich bei Ihnen eben nicht so.“*
> *Erzieher: „Sie machen sich Sorgen, dass Timo zu kurz kommt und es ihm nicht gut geht?“*
> *Mutter: „Ja. Er ist sehr sensibel und braucht jemanden, der ihn im Blick behält und unterstützt.“*
> *Erzieher: „Vielen Dank, dass Sie mir das so offen sagen. Ich kann gut verstehen, dass Sie sich Gedanken machen und das Beste für Timo wünschen.“*

Was ist passiert?

Der Erzieher spricht seinen Eindruck an, aber die Mutter weicht zunächst aus. Doch der Erzieher lässt nicht locker. Er vermeidet Vorwürfe und wiederholt aus der Ich-Perspektive sein Anliegen („*Es ist mir wichtig …*"). Damit ermuntert er die Mutter, ihr Unbehagen zu äußern. Statt sich dann zu verteidigen, fasst er die Gefühle der Mutter in Worte („*Sie machen sich Sorgen*") und zeigt damit Verständnis für deren Standpunkt. Indem er sich für die Offenheit bedankt, macht er deutlich, dass er die Meinung der Mutter respektiert. Im weiteren Gesprächsverlauf kann er nun sein Vorgehen erläutern und versuchen, die negative Meinung der Mutter von seinen Fähigkeiten zu entkräften.

In der Kita arbeiten Menschen miteinander. Bei aller Professionalität kommt es dabei auch vor, dass Sie mit dem ein oder anderen Elternteil nicht so gut klarkommen oder unterschiedliche Ansichten zu verschiedenen Themen haben. Das ist ganz normal und kein Grund zur Sorge. Als Erzieherin sind Sie Profi genug, um Ihre persönlichen Vorlieben und Abneigungen so weit vor der Tür zu lassen, dass sie die Arbeit in der Kita nicht beeinflussen. Im schlimmsten Fall, wenn die Chemie gar nicht stimmt, können Sie die Situation im Team ansprechen und dafür sorgen, dass eine Kollegin als Ansprechpartnerin für den entsprechenden Elternteil zur Verfügung steht. Im Abschnitt „Eigene Befindlichkeit" (S. 72/73) lesen Sie mehr über Ihre Handlungsmöglichkeiten, wenn Sie bestimmte Eltern oder Kinder nicht mögen.

Doch auch der umgekehrte Fall kommt vor. Wenn Eltern Ihnen – wie in dem Beispielfall – reserviert gegenübertreten, Ihre Kompetenz anzweifeln oder sich über Sie beschweren, liegt eine Konfliktsituation vor, die auf die Dauer sehr belastend sein kann. Manchmal verändern sich auch Beziehungen zwischen Eltern und Fachpersonen im Laufe der Zeit. Vielleicht wurden viele kleine Ärgernisse nicht angesprochen und bauen sich dadurch zu einem Unwohlsein auf. Oder mit der Zeit wird ein bestimmtes Verhalten, das anfangs auf Zustimmung stieß, zunehmend als negativ empfunden.

Im Sinne einer professionellen Kommunikation ist es dann wichtig, auch den eigenen Anteil an einem schwierigen Verhältnis nicht auszublenden und sich darüber hinaus immer wieder vor Augen zu führen, dass Kritik und Aggression durch die Eltern sehr oft nicht auf die eigene Person abzielen, sondern Zeichen von Verunsicherung sind.

Auf das eigene Gefühl achten

Ignorieren sollten Sie solche Störungen und schlechten Stimmungen nicht. Wenn Sie den Eindruck haben, dass Eltern an Ihrer Kompetenz zweifeln, Vereinbarungen nicht einhalten oder sich das Verhalten ändert, nehmen Sie Ihren Eindruck ernst und sprechen die Situation an. Mit diesen Sätzen können Sie das Gespräch eröffnen bzw. Ihren Eindruck verbalisieren:

Empfundene Ablehnung ansprechen

„Ich habe den Eindruck, dass Sie unzufrieden mit meiner Arbeit sind. Ich frage mich, ob es dafür einen konkreten Grund gibt?"

„Ich habe den Eindruck, es geht Ihnen hier auch um meine Person."

„Ich fühle mich dadurch auch persönlich angegriffen."

„Mir ist aufgefallen, dass Sie unsere Verabredung zum Gespräch schon mehrfach abgesagt haben. Mögen Sie mir sagen, woran das liegt?"

Haben Sie eine Vermutung, worauf das ablehnende Verhalten zurückzuführen ist, können Sie das auch direkt thematisieren:

- *„Kann es sein, dass Sie mir nicht zutrauen, Timo zu betreuen, weil ich selbst keine Kinder habe?“*

Nicht immer werden Eltern auf eine solche Nachfrage mit der Sprache herausrücken. Lassen Sie sich daher nicht gleich abwimmeln, sondern fragen Sie ruhig noch einmal nach. Nur so besteht die Chance, einen Konflikt auch zu lösen. Außerdem zeigen Sie damit Kompetenz und Kritikfähigkeit.

In Fällen von Beschwerden und Tratsch sollten Erzieherinnen zusammenhalten und gemeinsam Probleme angehen.

Eltern beschweren sich über die Erzieherin

Die Kindergartenleiterin bittet Erzieherin Lisa Schmidt ins Büro: „Frau Schulz hat vorhin angerufen. Sie hat sich über dich beschwert und gesagt, dass du Leon vernachlässigst. Du hättest ihn gestern halb nackt zum Spielen nach draußen mitgenommen."

Manchmal fallen Sie aus allen Wolken, wenn Ihnen Beschwerden über Vergehen oder Versäumnisse zugetragen werden. In anderen Situationen haben Sie vielleicht schon geahnt, dass Eltern unzufrieden sind, hofften aber, dass sich die Situation von selbst bereinigt. Ein klärendes Gespräch unterbleibt manchmal im wuseligen Kita-Alltag – so lange, bis sich die Verstimmung oder der Ärger anderweitig Bahn bricht.

Kritik aussprechen ist schwer

Kritik direkt zu äußern, fällt vielen Menschen schwer. Das beobachten Sie vielleicht im Team, wenn eine Kollegin von Tag zu Tag abweisender reagiert. Oder in der Elternschaft, wenn Eltern sich mit der Zeit immer mehr zurückziehen oder sehr förmlich reagieren. Dann beginnt bei vielen der „Film im Kopf" und es taucht die Frage auf, was wohl schiefgelaufen sein könnte. Das kann extrem belastend sein, denn während Sie bei einer offen vorgebrachten Beschwerde reagieren können, fällt es im Fall unausgesprochener Kritik schwerer, passend zu reagieren. Zum Gefühl der Verunsicherung kommt dann womöglich Ärger hinzu, wenn die Unzufriedenheit nur indirekt, über Dritte, geäußert wird.

Im beschriebenen Fall ist die Beschwerde der Mutter bei Erzieherin Lisa angekommen, wenn auch über den Umweg der Leitung. Im Gespräch kommt es nun darauf an, sich mit der Beschwerde der Mutter auseinanderzusetzen. Mindestens ebenso wichtig ist, dass die Erzieherin nun die Möglichkeit erhält, auch über den Weg der Beschwerde und die Art der Kommunikation zu reden. Tut sie das nicht, bleibt das Unwohlsein bestehen, das sich einstellt, wenn hinter unserem Rücken getratscht und gemeckert wird.

Beispiel

Erzieherin: „Frau Schulz, das mit dem Warm-Anziehen haben wir ja jetzt geklärt. Darüber bin ich wirklich froh."
Mutter: „Ja."
Erzieherin: „Eine Sache ist mir aber noch wichtig: Ich würde mir wünschen, dass wir solche Sachen in Zukunft direkt klären könnten."
Mutter: „Ja."
Erzieherin: „Kann ich denn etwas tun, damit es Ihnen leichterfällt, mich direkt anzusprechen, wenn Ihnen etwas nicht gefällt?"
Mutter: „Ich weiß nicht."
Erzieherin: „Mir liegt viel daran, dass es Leon gut geht. Ich bin jederzeit für Sie da, wenn Sie etwas besprechen wollen."

Umgang mit Klatsch und Tratsch

Der beste Umgang mit nicht ausgesprochener Kritik ist es also, aktiv zu werden und die Unstimmigkeit anzusprechen. Das kann direkt geschehen, wenn Ihnen – wie im beschriebenen Fall – über Dritte zu Ohren kommt, dass Eltern unzufrieden sind.

Auch der Elternbeirat ist in Fällen von nicht-ausgesprochener Kritik ein möglicher Ansprechpartner. Das gilt besonders dann, wenn nicht nur ein Elternteil unzufrieden ist, sondern mehrere Eltern Stimmung machen. Im Gespräch mit den Elternvertretern können Sie herausfinden, ob Ihr Eindruck korrekt ist, was hinter der nicht ausgesprochenen Kritik steht und welche Schritte aus Sicht der Elternvertreter angebracht sind.

Wenn die Kita auf solche Entwicklungen nicht reagiert, verselbstständigen sich Klatsch und Tratsch leicht und lassen sich später kaum noch bearbeiten und widerlegen. Nur wenn Unzufriedenheit offen auf dem Tisch liegt, kann die Kita darauf reagieren, z. B. mit einem Elternabend, einer Gesprächsrunde, einem Elternbrief oder einer Umfrage. Egal, welches Instrument im einzelnen

Fall zum Einsatz kommt: Zeigen Sie klar, dass Sie als Gesprächspartner zur Verfügung stehen und an der Meinung der Eltern ehrlich interessiert sind.

Beschwerden über eine Kollegin

„Haben Sie kurz Zeit?", fragt Frau Schulz Erzieherin Anna und legt gleich los: „Wir sind alle sehr unzufrieden mit Ihrer Kollegin Lisa Schmidt. Sie ist gar nicht so herzlich zu den Kindern und seit sie da ist, kommen einige nicht mehr gern in die Gruppe."

Unangenehm ist es in jedem Fall, wenn Eltern mit Beschwerden über Kolleginnen zu Ihnen kommen. Leider gehört das zu den Situationen, mit denen Sie im Kita-Alltag immer wieder einmal rechnen müssen. Gerade wenn das eigene Verhältnis zu den Eltern vertrauensvoll ist, kommt es vor, dass Erzieherinnen auch Ansprechpartnerin sind, wenn Eltern sich über eine Kollegin beschweren möchten.

Dabei geraten Sie schnell in eine Zwickmühle: Stimmen Sie den Eltern zu und artikulieren das, handeln Sie unkollegial. Außerdem müssen Sie damit rechnen, dass die Eltern Ihre Worte zitieren und Sie als „Zeugin" anführen („*Frau Lose hat auch gesagt, dass ...*"). Wiegeln Sie dagegen ab, verlieren Sie das Vertrauen der Elternschaft und verhindern unter Umständen, dass eine problematische Situation geklärt wird.

Wie gehen Sie also vor, wenn Eltern sich über eine Kollegin beschweren? Zunächst einmal sollten Sie sich klarmachen, dass es nicht Ihre Aufgabe ist, in einem Konflikt zwischen Eltern und einer anderen Erzieherin zu entscheiden. Dafür ist im Zweifelsfall die Leitung zuständig. Meist liegt ja auch kein offensichtliches Fehlverhalten vor, sondern unterschiedliche Temperamente, Auffassungen und Vorstellungen prallen aufeinander. Fragen Sie daher zunächst einmal nach der Vorgeschichte des Konflikts und finden Sie heraus, welche Schritte die Eltern bereits unternommen haben.

In der Regel ist es sinnvoll, Eltern und die entsprechende Kollegin zu einem klärenden Gespräch an einen Tisch zu bringen. Wenn Ihnen das hilfreich erscheint (z. B. weil Sie Leitung oder Stellvertretung sind), können Sie sich als Moderatorin anbieten. Sprechen Sie das aber zuvor mit der Kollegin ab.
Erfragen Sie außerdem, ob bereits Gespräche stattgefunden haben. In schwierigen Situationen können Sie auch immer eine externe Moderation vorschlagen, z. B. durch die Fachberatung oder den Träger.

Beispiel

Leitung: „Frau Schulz, Lisa, vielen Dank, dass wir uns heute zusammensetzen können. Ich bin gern bereit, bei dem Gespräch zu moderieren. Zunächst möchte ich daran erinnern, worum es uns hier allen geht: Eltern und Erzieherinnen wünschen sich, dass es allen Kindern bei uns gut geht und dass sie sich wohlfühlen. Frau Schulz, bitte schildern Sie, was Sie bedrückt."

Mutter: „Das geht nicht nur mir so, viele Eltern sind unzufrieden, seit Frau Schmidt da ist. Früher sind die Kinder gern in die Kita gekommen, aber jetzt wollen viele lieber zu Hause bleiben."

Leitung: „Frau Schulz, lassen Sie uns bei Ihren persönlichen Eindrücken bleiben. Was haben Sie denn konkret bei Ihrer Tochter beobachtet, dass Sie glauben, sie fühlt sich nicht wohl?"

Mutter: „Sie will morgens gar nicht mehr in die Kita gehen. Und wenn ich sie endlich überredet habe, klammert sie im Flur und will mich nicht gehen lassen."

Leitung: „Wann ist das genau passiert?"

Mutter: „Ja, also genau weiß ich das auch nicht, aber letzte Woche war es schon."

Leitung: „Und das machen Sie an Frau Schmidt fest?"

Mutter: „Ja. Sie kümmert sich auch gar nicht darum, wenn sie sieht, dass Leonie weint und mich nicht gehen lässt."

Leitung: „Jetzt würde ich gern hören, was Frau Schmidt dazu sagt. Lisa, magst du deinen Eindruck schildern?"

Der Dialog zeigt, wie ein klärendes Gespräch beginnen kann. Die Leitung bedankt sich bei beiden Beteiligten für ihre Bereitschaft zum Gespräch und erinnert an das gemeinsame Ziel von Eltern und Team – das Wohl der Kinder. Als Beschwerdeführerin darf erst die Mutter ihren Standpunkt darlegen. Dabei achtet die Leitung darauf, dass sie sich nicht hinter anderen versteckt („*Lassen Sie uns doch bei Ihren Eindrücken bleiben*"), und fragt konkret nach, als sich die Mutter nur allgemein äußert. Danach fragt sie die Erzieherin nach ihrer Wahrnehmung. Nun kann in Ruhe geklärt werden, was passiert ist, wo unterschiedliche Erwartungen und Meinungen bestehen und wie damit umgegangen wird.

Eine Gesprächsleitung ist in solchen Fällen hilfreich, weil die Moderatorin nicht emotional betroffen ist und deshalb ruhiger reagiert. Außerdem nimmt sie Tempo aus dem Gespräch und unterstützt die Beteiligten dabei, sich nicht in einem unproduktiven Kreislauf aus Anschuldigung und Verteidigung zu verlieren.

Wenn Eltern anzüglich sind

„Wenn Ihnen kalt ist, wüsste ich schon, wie ich helfen kann", sagt Johanns Vater zur Erzieherin und grinst verschwörerisch.

„Für Sie mache ich das doch gern", erklärt Herr Solms mit einem Augenzwinkern, als sich Erzieherin Anna Lose bedankt, weil der Vater nicht gebrauchte Papierrollen aus seinem Betrieb als Bastelmaterial mit in die Kita gebracht hat.

Väter und gelegentlich auch Mütter, die zweideutige Bemerkungen machen oder versuchen, mit einer Kollegin oder einem Kollegen zu flirten, sind zwar nicht an der Tagesordnung, aber auch keine Seltenheit in der Kita. Öfter als es vielen Erzieherinnen lieb ist, kommt es zu übergriffigem Verhalten mit einem sexuellen Unterton durch ein Elternteil. Es sind keineswegs nur die jüngeren Kolleginnen betroffen. Häufig bleiben solche Anmachen im Allgemeinen und werden so formuliert, dass der Sprecher im Zweifelsfall immer die beleidigte Unschuld spielen kann. Dann heißt es: „*Sie sind aber empfindlich*" oder „*Darf man denn gar nichts Nettes mehr sagen?*".

Wie ist mit derartigen Situationen umzugehen?

Nehmen Sie Ihren Mut zusammen, wehren Sie sich gegen übergriffiges Verhalten und nehmen Sie es nicht einfach hin in der Hoffnung, die Situation würde sich von selbst lösen. Zwar ist nicht jedes freundliche Wort gleich eine Anmache und gegen ein ehrlich gemeintes Kompliment haben auch die wenigsten Frauen und Männer etwas einzuwenden. Doch in der Regel spüren wir sehr genau, ob und wo die Grenze vom harmlosen Kompliment zur Anzüglichkeit mit sexuellem Unterton überschritten wurde.

Je nachdem, wie sich die Situation darstellt, spricht zwar grundsätzlich nichts dagegen, einen Spruch beim ersten Mal einfach zu überhören und direkt zur Tagesordnung überzugehen. Machen Sie sich aber auch klar, dass übergriffiges Verhalten in der Regel nicht einfach aufhört, wenn Sie es ignorieren. Je mehr Sie das unangemessene Handeln hinnehmen, desto eher bildet sich ein Gefühl von stillschweigender Übereinkunft. Unter Umständen kann das sogar dazu führen, dass es schwieriger wird, anzügliches Verhalten später anzusprechen. „*Das hat Sie doch sonst nie gestört*", heißt es dann vielleicht.

Statt auf den nächsten blöden Spruch zu warten und sich verunsichern zu lassen, ist es daher empfehlenswert, selbst die Initiative zu ergreifen und solche Anmachen höflich, aber deutlich abzuwehren. Machen Sie unmissverständlich klar, dass Sie kein Interesse haben und auf weitere Komplimente oder Sprüche gut verzichten können.

Diese Möglichkeiten haben Sie:

- *Souveränität zeigen Sie, indem Sie sich für ein Kompliment bedanken und dann einfach weiter auf der Sachebene kommunizieren: „Danke für das Kompliment. Würden Sie Johann bitte morgen …"*
- *Wenn es Ihnen liegt, können Sie Anzüglichkeiten und schlüpfrige Bemerkungen humorvoll kommentieren und die Situation*

so entschärfen: „Wie nett, das ist heute mein erstes Kompliment. Darauf warte ich schon den ganzen Vormittag."

- *Wenn das unerwünschte Flirten o. Ä. sich wiederholt, sprechen Sie den Absender direkt darauf an. Am besten eignet sich eine Situation, in der etwas Ruhe gegeben ist und die nicht im Beisein des Kindes stattfindet. Sagen Sie ganz deutlich, wie Sie die Situation empfinden, z. B. so: „Herr Solms, es ist mir unangenehm, wenn Sie mich umarmen (oder: mir Komplimente über mein Äußeres machen etc.). Das passt nicht hierher."*
- *Sollte daraufhin Protest kommen, bleiben Sie höflich und klar: „Wenn ich Sie missverstanden habe, ist ja alles in Ordnung. Ich möchte allerdings klarstellen, wie ich Ihre Bemerkungen wahrnehme und dass mir das unangenehm ist." Denken Sie daran: Es geht nicht um Anschuldigungen, sondern um Ihre Wahrnehmung. Diese muss der Vater respektieren.*
- *Formulieren Sie Ich-Botschaften („Ich fühle mich nicht wohl") und vermeiden Sie Beschuldigungen und Vorwürfe. Das führt nur zu Protest und Abstreiten.*
- *Ebenfalls wichtig sind kurze, klare Sätze ohne verbale Weichmacher („vielleicht", „hätten", „könnte" etc.).*
- *Lassen Sie sich nicht auf Diskussionen ein. Sie schildern Ihre Wahrnehmung und Ihren Wunsch, wie das zukünftige Verhältnis aussehen soll. Das reicht.*
- *Tauschen Sie sich über Ihre Eindrücke mit den Kolleginnen aus. Übergriffiges Verhalten ist nicht Ihre Schuld und mit Sicherheit kein Grund, sich zu schämen.*
- *Sollte eine klare Ansage keine Wirkung zeigen, wenden Sie sich an Ihre Leitung und bitten um Unterstützung.*

Wenn Eltern lügen

„Zu Hause pullert sie nie ein, nur hier im Kindergarten."

„Ich habe den Beitrag schon vor drei Tagen überwiesen."

„Ihre Kollegin hat gesagt, dass es okay ist, wenn Lisa erst um 9.00 Uhr kommt."

Wenn Eltern sich auf Zusagen einer Erzieherin berufen, die nie gegeben wurden, Ihnen das Wort im Mund herumdrehen oder schlicht und einfach die Unwahrheit sagen, entstehen schwierige Gesprächssituationen. Machen Sie sich aber bewusst, dass Mütter und Väter in den seltensten Fällen aus Bosheit oder Vergnügen von der Wahrheit abweichen, sondern dass in den allermeisten Fällen Scham, Angst, Kränkung oder eine gefühlte Autonomieverletzung hinter einem derartigen Verhalten stehen. Einige Eltern haben aus unterschiedlichen Gründen eine verzerrte Sicht ihrer eigenen Person und sind davon überzeugt, die Wahrheit zu sagen, selbst wenn das offensichtlich nicht der Fall ist. Dennoch ist es in solchen Fällen wenig hilfreich, den Gesprächspartner wie einen reuigen Sünder oder ein kleines Kind mit den Tatsachen zu konfrontieren.

Auf Aussagen, wie *„Ich habe gar keine Probleme mit meinem Sohn"*, können Sie natürlich mit einer Konfrontation reagieren: *„Das ist ja wohl offensichtlich, dass Sie ihn nicht im Griff haben"* oder *„Das stimmt nicht, was Sie da sagen"*. Machen Sie sich aber bewusst, dass die Betroffenen wahrscheinlich ihrerseits mit Abwehr (*„Glauben Sie mir etwa nicht?"*) reagieren oder sich dem Gespräch entziehen werden. Vermeiden Sie daher nach Möglichkeit, sich auf ein *„Ich habe Recht – Nein, ich"*-Duell einzulassen. Erfahrungsgemäß schaukelt sich dieser Dialog schnell hoch, ohne dass eine Lösung erreicht wird.

Den Sinn des Widerstands erkennen

Verfolgen Sie stattdessen das Ziel, im Gespräch zu bleiben und die Eltern empathisch zu begleiten. So ermöglichen Sie ihnen vielleicht, etwas weniger zu lügen und Rat und Hilfe anzunehmen:

- *„Toll, wenn das zu Hause so gut klappt. Haben Sie eine Idee, wie wir Yeliz noch besser helfen könnten, das in der Kita hinzukriegen?"*
- *„Sie haben den Betrag überwiesen? Dann sollte er eigentlich längst eingegangen sein. Bitte prüfen Sie das nach und geben mir bis zum Ende der Woche eine Rückmeldung."*
- *„Das hat meine Kollegin Ihnen gesagt? Da frage ich sie noch mal und spreche mich mit ihr ab."*

Tanzen statt Boxen

Ein gut gelungenes Elterngespräch ist eher wie ein Paartanz, als wie ein Boxkampf oder Ringturnier. Nehmen Sie den Widerstand der Eltern auf, indem Sie ihn ansprechen und in Ihrem Sinne benutzen.

So ein geschmeidiger Umgang mit dem elterlichen Widerstand fällt leichter, wenn Sie sich vergegenwärtigen, dass hinter dem aus Ihrer Sicht schwierigen Verhalten der Eltern ein Sinn steht. Reaktionen, wie

- ✔ Zweifel an der Kompetenz der Erzieherin (*„Sie haben ja keine Ahnung wie das ist mit drei Kindern"*),
- ✔ Wort im Mund herumdrehen, abstreiten und lügen (*„Jetzt übertreiben Sie aber, das passiert doch dauernd bei Kindern"*),
- ✔ Abbrechen des Dialogs (*„Darüber brauchen wir nicht reden"*),

sind oft Signale für Verletzbarkeit, Angst vor Risiko, Veränderung oder Selbstschutz. Wenn Sie darauf ihrerseits mit Kommunikationskillern wie Verwarnen, Dozieren, Drohen oder Argumentieren antworten, verstärken Sie den Widerstand nur.

Ein gut gelungenes Elterngespräch ist wie ein Paartanz ...

Kommunikationsprobleme

Wenn Eltern eine andere Sprache sprechen

Nicht immer sind es inhaltliche Differenzen bzw. persönliche Vorlieben oder Abneigungen, die Gespräche in der Kita oder Krippe erschweren und uns eine Gesprächssituation als „schwierig" empfinden lassen.

Auch Kommunikationsprobleme können die Verständigung behindern. An erster Stelle sind hier sicherlich – noch vor sozialen oder kulturellen Unterschieden – die Sprachprobleme zu nennen. Familien, deren Kinder die Kitas und Krippen besuchen, kommen heute zunehmend aus einer Vielzahl von Ländern, sodass vor allem in Ballungsgebieten Einrichtungen mit zehn und mehr unterschiedlichen Nationalitäten keine Seltenheit sind. Dabei ist selbstverständlich, dass sich dieser Personenkreis sowohl in Bezug auf den Bildungshintergrund als auch auf die Beherrschung der deutschen Sprache beträchtlich unterscheidet. Ebenso wenig, wie es „die Eltern" als einheitliche Gruppe gibt, haben wir es mit „den Menschen mit Migrationshintergrund" zu tun. Neben Familien, die vor zwei oder drei Generationen als Gastarbeiter nach Deutschland kamen, und Aussiedlern aus Mittel- und Osteuropa, von denen viele in den 1990er-Jahren übersiedelten, können die Familien vor Kurzem als Flüchtlinge oder als EU-Bürger nach Deutschland gekommen sein.

Meist wissen Sie, ob „Ihre" Eltern nur rudimentäre Sprachkenntnisse haben und kaum ein Wort verstehen oder ob es sich um Familien handelt, die in der zweiten oder dritten Generation in Deutschland leben und ausgezeichnetes Deutsch sprechen. Wenn Sie vor dem Elterngespräch trotzdem unsicher sind, wie gut die Sprachkenntnisse der Eltern sind, erkundigen Sie sich im Vorfeld danach. Entweder bei den Familien selbst, bei Kolleginnen, anderen Familien oder den Kindern.

Wenn die Verständigung aus Sprachgründen schwierig ist, empfiehlt sich die Hinzunahme eines Dolmetschers. Entsprechende Personen können von der Gemeinde, aus städtischen Behörden, Vereinen oder anderen Hilfsstellen kommen. Vielleicht können Sie auch andere Eltern oder Bekannte der Familie dafür gewinnen, das Gespräch zu begleiten. Dafür benötigen Sie selbstverständlich das Einverständnis Ihrer Gesprächspartner.

TIPP

Wenn mehrere Familien in der Kita oder Krippe aus einem Sprach- und Kulturkreis kommen, ist es eine gute Idee, Personen mit guten Sprachkenntnissen aus dieser Gruppe als Dolmetscher zu gewinnen.
Davon profitiert die Einrichtung gleich mehrfach: Zum einen haben andere Eltern oft mehr Vertrauen zu Bekannten mit einem ähnlichen Hintergrund als zu „offiziellen" Übersetzern. Zum anderen stärkt die Bitte um Unterstützung auch die Dolmetscher selbst, weil sie sich als gebraucht und wichtig erleben. Im günstigsten Fall entwickelt sich aus einer einmaligen Hilfestellung eine dauerhafte Zusammenarbeit.

Das kann sogar über die reine Übersetzungshilfe hinausgehen. So können Eltern aus anderen Kulturkreisen Ihnen helfen, Informationsmaterialien zu übersetzen. Sie können auch in die Gruppen gehen und als Botschafter ihres jeweiligen Landes den Kindern und Erziehern Lieder, Gedichte, Kreis- und Fingerspiele in ihrer Landessprache beibringen, Märchen vorlesen oder kulinarische Spezialitäten zum Probieren mitbringen.

Kommunikationshilfen

Nicht immer wird es möglich sein, einen Dolmetscher hinzuzuziehen. Oft ist ohnehin ein freundliches Willkommen in der Landessprache und die Frage nach dem Wohlbefinden wichtiger für den Aufbau einer guten Beziehung als die akkurat übersetzte Erklärung zur Gruppenaufteilung.

Wenn Sie jedoch ein ausführlicheres Gespräch, wie ein Entwicklungsgespräch, planen und die Eltern wenig oder schlechtes Deutsch sprechen und verstehen, haben Sie folgende Möglichkeiten:

- ✔ Laden Sie nach Möglichkeit schriftlich in der Muttersprache zum Gespräch ein.
- ✔ Planen Sie ausreichend Zeit ein und reduzieren Sie evtl. die Inhalte, um Ihre Gesprächspartner nicht zu überfordern. Sie benötigen etwa anderthalbmal so lange wie für ein Gespräch mit deutschsprachigen Eltern.
- ✔ Setzen Sie auf Bilder und bildgestützte Informationsmaterialien, um Ihr Anliegen zu verdeutlichen. Es gibt eine Menge entsprechender Arbeitsblätter und Literatur (s. a. Medientipps, S. 104).
- ✔ Organisieren Sie nach Möglichkeit schriftliche Informationen, Prospekte o. Ä. in den am häufigsten benötigten Sprachen zum Thema. Vor allem für das Anmeldegespräch sollten die wichtigsten Formulare, wie Betreuungsvertrag, Liste über mitzubringende Gegenstände etc., vorliegen.
- ✔ Machen Sie zu Gesprächsbeginn die Funktionen und Aufgaben von allen Gesprächsteilnehmern deutlich.
- ✔ Sprechen Sie langsam und deutlich in einfachen Worten und kurzen Sätzen.
- ✔ Wiederholen Sie Gesagtes mehrfach.
- ✔ Fragen Sie regelmäßig nach, ob Sie verstanden wurden, auch wenn die Eltern durch Nicken und Lächeln Verständnis signalisieren. Das könnte einfach ein Zeichen von Höflichkeit sein und kein echtes Verstehen signalisieren.
- ✔ Benennen Sie Stärken und positive Entwicklungen des Kindes, um Vertrauen aufzubauen.
- ✔ Bieten Sie Unterstützung beim Ausfüllen von Formularen an.
- ✔ Nutzen Sie, unabhängig von den regulären Gesprächsterminen, jede Begegnung mit den Eltern für ein paar freundliche Worte, um das gegenseitige Vertrauen zu stärken.
- ✔ Versetzen Sie sich in die Position der Eltern. Sprachschwierigkeiten, mögliche Probleme mit deutschen Behörden und Unsicherheiten dem Bildungssystem gegenüber sind Faktoren, die bei Ihnen als Abwehr ankommen, jedoch völlig andere Ursachen haben können.

Verstehen Sie mich? Kulturelle Unterschiede

Gelegentlich erschwert weniger die Sprache an sich als vielmehr der unterschiedliche kulturelle Hintergrund das Verständnis. So kommt es nicht selten vor, dass Eltern aus anderen Kulturkreisen andere Vorstellungen von Erziehung haben als deutsche Eltern oder mit der Institution Kita und ihren Aufgaben nicht vertraut sind und deshalb falsche Erwartungen oder Vorbehalte haben. Aus diesem Grund ist es hilfreich, wenn Erzieher verständnisvoll und offen in die Elterngespräche gehen. Gegenseitiges Verständnis ist oft die beste Hilfe in Gesprächssituationen, die zu Recht als schwierig empfunden werden.

Schweigende Mütter, dominante Väter, fordernde Eltern oder Familien, die sich dem Gespräch entziehen und vermeintlich nur „ihr Ding" machen, sind nur einige Herausforderungen im Austausch mit Menschen aus anderen Kulturen. Je besser die Kita versteht, aus welchem Grund Eltern bestimmte Verhaltensweisen an den Tag legen, desto besser für das gegenseitige Verhältnis. Informieren Sie sich im Team daher regelmäßig über Besonderheiten anderer Kulturen und hinterfragen Sie die Reaktionen Ihrer Gesprächspartner, bevor Sie zu voreiligen Schlüssen kommen. Manchmal bewerten wir ein Verhalten aus unserer Perspektive in einer bestimmten Art und Weise und liegen damit komplett falsch.

Beispiel

- *So ist die muslimische Mutter, die sich weigert, dem Praktikanten die Hand zu schütteln, nicht unfreundlich oder ungebildet, sondern folgt religiösen Vorgaben.*
- *Bei Menschen, die Verfolgung und Diskriminierung ausgesetzt waren oder die schlechte Erfahrungen mit Behörden gemacht haben, rufen die Aktenordner, in denen Sie Ihre Beobachtungsbögen abheften, unter Umständen unangenehme Assoziationen hervor und sorgen für Misstrauen.*
- *Frauen aus muslimischen Familien treffen Entscheidungen manchmal erst nach Absprache mit ihrem Mann oder der erweiterten Familie. In diesem Fall sollten Sie nicht enttäuscht sein, wenn getroffene Vereinbarungen erst nach einer gewissen Zeitdauer oder sogar überhaupt nicht umgesetzt werden.*

Akzeptieren Sie aber auch Grenzen, etwa wenn deutlich wird, dass aufgrund der kulturellen Zugehörigkeit Differenzen bestehen bleiben. Auf keinen Fall sollten Sie versuchen, Eltern von ihren kulturellen oder religiösen Vorstellungen abzubringen, auch wenn Sie der Überzeugung sind, es wäre besser für das Kind.

In Extremfällen, wenn die Erziehungsmethoden gegen Gesetze verstoßen, müssen Sie die Eltern in jedem Fall darauf hinweisen, dass dies unzulässig ist. Hier können Sie ggf. Hilfen anbieten oder müssen in akuten Lagen das Jugendamt informieren (s. a. S. 49 ff.).

Bilder helfen bei Sprachbarrieren, dem Gespräch zu folgen.

Eltern mit niedrigem Bildungsniveau

„Der kann mich mal. Wenn der noch mal sagt, dass ich das nicht kann mit meinen Kindern, dann raste ich aus. Das brauch ich mir nicht anhören von so einem Arschloch."

Fast wie eine andere Sprache kann die Ausdrucksweise von Eltern mit niedrigem Bildungsniveau wirken. Wenn Eltern sich teils drastisch ausdrücken oder eine sehr einfache Sprache gebrauchen, bedarf es eines offenen und vorurteilsfreien Blicks auf die Personen, um hinter der ruppigen Ausdrucksweise die Zuneigung zum Kind und das ehrliche Bedürfnis, das Beste zu tun, zu erkennen.

Wenn Eltern aus sozial unterprivilegierten Familien Verhaltensweisen an den Tag legen, die Sie für fragwürdig halten, ist es also besonders wichtig, mit einem wertschätzenden Blick in die Unterhaltung zu gehen. Lassen Sie sich nicht verschrecken, sondern bleiben Sie gerade bei diesen Familien am Ball und behalten die gesamte Situation im Auge. Achten Sie darauf

- ✔ Anliegen und Sachverhalte konkret und unmissverständlich zu formulieren: „Bitte geben Sie Maxi Obst fürs Frühstück mit. Vielleicht einen Apfel, den Sie in kleine Stücke schneiden, dann kann sie ihn gut essen."
- ✔ konkrete Hinweise und Beispiele zu geben: „Spielen Sie jeden Tag eine halbe Stunde mit ihr. Sie können z. B. zusammen …"
- ✔ das Elterngespräch besonders strukturiert zu führen,
- ✔ immer wieder positives Feedback zu geben, um Anerkennung und Respekt zu zeigen,
- ✔ schriftliche Einladungen oder Aushänge noch einmal telefonisch zu wiederholen, wenn diese keine Resonanz finden. Ermuntern Sie, falls nötig, Eltern mit niedrigem Bildungsniveau ausdrücklich zur Teilnahme an Elternabenden und anderen Veranstaltungen.
- ✔ sich klarzumachen, dass auch diese Eltern Stärken haben,
- ✔ grundsätzlich davon auszugehen, dass die Eltern aus positiven Motiven handeln. Sagen Sie Ihnen das auch: „Ich weiß, dass Sie nur das Beste für Ihr Kind wollen."

Positives Feedback zum Kind

Wenn Eltern schweigen

„Mir fällt auf, dass Sie sehr still sind. Gibt es dafür einen Grund?"

„Ich habe das Gefühl, dass ich an Ihnen vorbeirede. Sie sagen ja gar nichts. Gibt es denn etwas, worüber Sie reden möchten?"

Sprachschwierigkeiten können sich darin äußern, dass Eltern im Gespräch mit der Fachperson in Kita oder Krippe sehr einsilbig auftreten – oft aus Scham oder Unsicherheit bei geringen Deutschkenntnissen. Doch auch Muttersprachler sind manchmal still und zurückhaltend im Elterngespräch, wirken missmutig, uninteressiert oder ablehnend. Vermeiden Sie in diesem Fall eigene Deutungsversuche („*Die Eltern sind desinteressiert*", „*Frau Meyer ist eine abweisende Person*") und beziehen Sie das Schweigen keineswegs auf sich persönlich. Vor allem: Versuchen Sie nicht, die Stille mit einem Redeschwall zu füllen. Das ist zwar ein verständlicher Impuls, wirkt aber kontraproduktiv.

Egal, was die Gründe für das Schweigen der Eltern sind – so können Sie vorgehen:

- ✔ Beziehen Sie Ihr Gegenüber immer wieder durch Nachfragen und aktives Zuhören ins Gespräch ein und betonen Sie damit seine Kompetenz.
- ✔ Erkundigen Sie sich nach der Meinung der Eltern („*Was halten Sie von Friedas Verhalten?*").
- ✔ Lassen Sie sich beschreiben, was die Eltern beobachten („*Wie äußert sich Leons Interesse an Musik denn zu Hause?*" oder „*Wie haben Sie Luisas Entwicklung in den letzten drei Monaten erlebt?*").
- ✔ Mit Fragen nach dem Alltag der Familien oder ihrem Herkunftsland zeigen Sie Interesse und ermuntern Mutter oder Vater, sich erst einmal unbefangen zu äußern („*Woher kommen Sie denn genau? Wie geht es den Menschen dort? Wie werden Kinder in Ihrer Heimat betreut?*").
- ✔ Auch positives Feedback und ein Betonen der Ressourcen der Eltern stärkt sie in ihrer Funktion als Experten für ihr Kind und kann zu dem angestrebten Austausch auf Augenhöhe beitragen („*Was halten Sie davon? Ihre Meinung ist mir sehr wichtig.*").
- ✔ Wenn Sie die Verantwortung der Eltern betonen, kann das eine aktivere Beteiligung zur Folge haben („*Lassen Sie uns mal gemeinsam überlegen ...*").

TIPP

Um Eltern zum Reden zu ermuntern, eignet sich das Instrument der offenen Fragen. Offene Fragen werden auch als „W-Fragen" bezeichnet, weil sie oft mit einem der Fragewörter „wie", „wann", „womit", „wodurch" beginnen (s. a. S. 19).

Beispiele für offene Fragen, mit denen Sie schweigsame Eltern aus der Reserve locken:

- *Wie sehen Sie die Situation?*
- *Wo sehen Sie die Ursachen?*
- *Was haben Sie bisher unternommen?*
- *Was könnte Ihnen helfen, das Problem zu lösen?*
- *Wann tritt das Problem meistens auf?*
- *Wann ist das zum ersten Mal passiert?*
- *Was sind die Punkte, die Sie am meisten stören?*
- *Was hat Ihr Kind davon, dass es sich in dieser Weise verhält?*
- *Wie stellt sich die Situation für Ihr Kind/Ihren Partner/eine andere Person dar?*
- *Was wünschen Sie sich von einer guten Kita?*
- *Womit kann ich Ihnen helfen?*

Das Gespräch zum Thema machen

Wenn Ihr Vorgehen nicht zum gewünschten Ergebnis führt, können Sie die Situation direkt ansprechen:

- *„Sie sind die ganze Zeit so still. Habe ich etwas gesagt, das Sie verärgert hat? Oder haben Sie etwas auf dem Herzen, worüber wir hier noch sprechen sollten?"*

Mit diesem Manöver begeben Sie sich auf die sog. Metaebene. Von hier aus beobachten Sie (und nun auch die Eltern) den Gesprächsverlauf gewissermaßen aus der Vogelperspektive. Indem Sie den Gesprächsverlauf zum Thema machen (*„Sie sind so still"*) und nach der Ursache bzw. einer Lösung fragen (*„Was kann ich tun, damit es Ihnen leichterfällt, sich zu äußern?"*), geben Sie den Eltern die Möglichkeit, ihre Anliegen, Sorgen oder auch Unsicherheiten anzusprechen.
Benutzen Sie Ich-Botschaften, damit die Eltern Ihre Frage nicht als Vorwurf auffassen und noch stiller werden:

- *„Mir liegt viel daran, Ihre Meinung zu Luisas Entwicklung zu hören. Schließlich kennen Sie Ihre Tochter besser, als irgendjemand sonst. Was meinen Sie?"*

Seien Sie trotzdem nicht enttäuscht, wenn sich Ihr Gegenüber dennoch nicht auf ein Gespräch einlässt. Wiederholen Sie dann ruhig Ihr Gesprächsangebot oder die Frage.

Zuletzt: Eltern sind auch nur Menschen – einige sind einfach stiller als andere. Aus einer schweigsamen Mutter wird nie eine Plaudertasche, egal wie viel Mühe Sie sich geben. Akzeptieren Sie Ihr Gegenüber in seiner Einzigartigkeit. Zeigen Sie durch ehrlich gemeinte, offene Fragen Ihr Interesse und sorgen Sie mit Wertschätzung und freundlichen Gesten für eine angstfreie, angenehme Gesprächsatmosphäre. So werden Sie auf die Dauer auch ängstliche Eltern ermutigen, ihre Reserve ein Stück weit aufzugeben.

Wenn Eltern zu viel reden

Auch das gegenteilige Verhalten kann die Kommunikation erschweren. Während einige Eltern kaum ein Wort sprechen, lassen sich andere fast nicht bremsen. Grundsätzlich dürfen Sie das als Vertrauensbeweis auffassen, über den Sie sich freuen können. Die Eltern zeigen eine Offenheit, die begrüßenswert ist und die das Gespräch auch im Konfliktfall erleichtert.
Nicht immer bleibt es jedoch bei Gesprächen, die sich um das Kind oder um Kita-Belange drehen. Manche Menschen haben auch die Gabe perfektioniert, mit vielen Worten wenig auszudrücken. Wenn Ihnen die Vielredner daher die Zeit stehlen, die für andere Gespräche oder Tätigkeiten vorgesehen ist, oder wenn Sie merken, dass Ihr Gegenüber weit vom eigentlichen Thema abschweift, sollten Sie reagieren. Vor allem Vielredner zwischen Tür und Angel führen unter Umständen dazu, dass Sie Ihre eigentliche Aufgabe, die Betreuung der Kinder, nicht adäquat ausführen können.

Diese Handlungsmöglichkeiten haben Sie:

- ✔ Weisen Sie in geplanten Gesprächssituationen grundsätzlich zu Beginn auf den Zeitrahmen hin, der zur Verfügung steht, dann können Sie mit einem deutlichen Blick auf die Uhr und einer Bemerkung klarmachen, dass die Gesprächszeit abläuft. Bei besonders eng getakteten Gesprächen (z. B. beim Elternsprechtag) können Sie zu Gesprächsbeginn die Armbanduhr sichtbar auf den Tisch legen und darauf hinweisen, dass die Redezeit begrenzt ist.
- ✔ Seien Sie deutlich, ohne die Eltern zurückzuweisen: *„Frau Meier, was Sie erzählen, finde ich wirklich wichtig. Das hilft mir sehr, Marcel besser zu verstehen. Wir müssen hier aber einen Punkt machen, denn in drei Minuten beginnt mein nächster Termin. Ich will Ihnen noch sagen, dass ..."*
- ✔ Sie können auch eine Rückmeldung dazu geben, wie Sie die Situation erleben: *„Ich komme ja gar nicht dazu, Ihnen über meine Eindrücke von Luisa zu erzählen. Liegt bei Ihnen denn so viel an? Wie können wir unsere Zeit einteilen?"*

- ✔ Falls Sie tatsächlich einen besonderen Gesprächsbedarf hinter dem Redeschwall vermuten, können Sie selbstverständlich auch einen weiteren Termin anbieten.
- ✔ Wenn Eltern dennoch weiterreden, können Sie Ihre Worte auch durch Körpersprache unterstreichen. Schieben Sie Ihren Stuhl zurück und machen Sie Anstalten aufzustehen. Wenn Sie bereits stehen, dürfen Sie auch die Hand leicht an den Ellenbogen legen und die Mutter in Richtung Tür dirigieren.
- ✔ Weitere klare Signale für ein gewünschtes Gesprächsende sind: Unterlagen zusammenschieben und aufstehen, Blickkontakt beenden, sich leicht abwenden und den räumlichen Abstand vergrößern.

■ Viel reden bedeutet nicht automatisch viel Inhalt.

Eigene Befindlichkeit

Negative Gefühle gegenüber Eltern oder Kind

„Die Mutter ist immer so hektisch, mit so einem Verhalten kann ich nichts anfangen."

„Der Vater denkt wohl, er ist was Besseres, so wie der in seinem Anzug hier hereinstolziert."

„Die Mutter riecht unangenehm, sicher vernachlässigt sie ihr Kind."

„Sie erinnert mich an meine Nachbarin, die immer meckert."

Ablehnung eines Elternteils gehört zu den Situationen im Erzieher-Alltag, die viele am liebsten ausblenden. Dennoch kommt es natürlich vor, dass Sie manche Eltern einfach nicht mögen. Das ist nur menschlich – auch im Team werden Sie einige Kolleginnen mehr als andere schätzen. Gerade im Elterngespräch kommt es aber darauf an, allen Eltern mit der gleichen Professionalität und Freundlichkeit zu begegnen. Wenn Ihre Gefühle Ihnen im Weg stehen, hilft es erst einmal wenig, diese zu verleugnen oder wegzuschieben. Es ist aber wichtig, dass Sie für sich Ihrer Antipathie ins Auge sehen und sich damit auseinandersetzen. Die Gefühle, die Sie Ihrem Gesprächspartner entgegenbringen, beeinflussen nämlich durchaus das Gesprächsverhalten, auch wenn wir es nicht möchten.

Allein die nonverbalen Signale, die wir aussenden, können unsere Aversion transportieren und den Austausch beeinflussen.

Negativen Gefühlen auf die Spur kommen

Gerade bei schwierigen Gesprächen kommt der Beziehungsebene besonders große Bedeutung zu. Es reicht also nicht, bewusst sachlich und korrekt zu kommunizieren, wenn die Beziehungsebene gestört ist.
Setzen Sie sich stattdessen aktiv mit Ihren Gefühlen den Eltern gegenüber auseinander und versuchen Sie, zu erkennen, was die Abneigung auslöst.

Ablehnung einer bestimmten Person gegenüber fällt in den seltensten Fällen einfach so „vom Himmel". Viel öfter sind es Vorurteile, bestimmte Verhaltensweisen oder nicht hinterfragte Beobachtungen, die zu negativen Reaktionen führen. Wenn Sie diese erkennen und entkräften, ändert sich Ihr Gefühl oft schon. Vielleicht erinnert Sie die Mutter, die so viel und so laut redet, an Ihre Tante Johanna, die Sie schon als Kind nicht leiden konnten. Oder der Vater im Anzug schüchtert Sie ein, weil er so offiziell und wichtig aussieht.

Auch im Gespräch mit Kollegen können Sie hinderlichen Denkmustern und (Vor-)Urteilen auf die Spur kommen und neue, positive Sichtweisen auf eine bestimmte Person gewinnen. Vielleicht ist Ihr negatives Gefühl auf ein bestimmtes Ereignis zurückzuführen und im Gespräch gelingt es Ihnen, zu erkennen, dass auch Sie an der Eskalation beteiligt waren. Oder Ihre Kollegin hat eine andere Wahrnehmung von den Eltern, die Sie als schwierig empfinden, und bringt Sie mit ihrer Sichtweise zum Nachdenken.

In jedem Fall ist es hilfreich, den Ursachen einer Abneigung auf die Spur zu kommen, sei es durch Reflexion, im Kollegengespräch oder im Austausch mit einer Supervisorin. Oft zeigt sich nämlich, dass ein erster Eindruck sich revidieren lässt, wenn wir uns darum bemühen. Dann kann es sogar geschehen, dass gerade solche Menschen, die wir zunächst als unsympathisch empfunden haben, beim zweiten Blick besonders liebenswert erscheinen.

Positiv gepolt mit dem Pygmalion-Effekt

Der sog. „Pygmalion-Effekt“ ist ein psychologisches Phänomen. Darum geht es dabei: In Experimenten mit Schülern und Lehrern haben Psychologen beobachtet, dass eine positive Erwartungshaltung, die jemandem entgegengebracht wird, auch zu besseren Ergebnissen führt. Im konkreten Fall wurde einem Lehrer mitgeteilt, dass bestimmte Schüler besonders begabt wären – tatsächlich erhielten sie dann bessere Noten. Nicht, weil sie wirklich überdurchschnittlich klug waren. Allein die Erwartungshaltung des Lehrers führte dazu, dass er die vermeintlich besonders guten Schüler auch besonders behandelte – und sie daraufhin mit besseren Leistungen reagierten.[4]

Auf die Elternarbeit bezogen heißt das, dass ein bewusst eingesetzter positiver Blick das Verhalten womöglich ändert – und zwar auf beiden Seiten. Wenn wir Positives von den Eltern erwarten, behandeln wir sie anders und sie reagieren mit einem entsprechenden Verhalten.

Vor einem Gespräch mit Eltern, die Sie nicht mögen, nehmen Sie sich also die Zeit und vergegenwärtigen sich die Person, mit der Sie negative Gefühle verbinden, ganz genau. Dazu ist etwas Konzentration notwendig, lassen Sie ein möglichst konkretes Bild vor Ihrem inneren Auge entstehen.

Formulieren Sie jetzt für sich drei positive Eigenschaften dieser Person, z. B.:

- *Die hektische Mutter ist immer auf die Minute pünktlich, sodass sich ihr Kind und die Erzieher zu 100 Prozent auf sie verlassen können. Sie ist toll gekleidet und schafft es, sich beruflich in einer Männerbranche durchzusetzen.*
- *Die Elternvertreterin geht total offen auf die Eltern zu und schafft es, dass sich auch die Ängstlichsten wohlfühlen. Sie backt den besten Apfelkuchen und ist immer hilfsbereit.*
- *Der Vater im Anzug bringt und holt sein Kind vor und nach der eigenen Arbeitszeit ab. Damit entlastet er seine Partnerin. Er ist zu den anderen Kindern immer sehr freundlich.*

Übung

Sie können den Effekt auch in einer einfachen Partnerübung trainieren. Setzen Sie sich mit einer Kollegin oder einem anderen Partner gegenüber hin und schließen die Augen. Konzentrieren Sie sich etwa eine Minute lang auf einen positiven Aspekt dieser Person. Öffnen Sie die Augen und erleben Sie, wie es sich anfühlt, die eigene Einstellung positiver zu gestalten.

Als Variante können Sie sich entweder auf einen positiven oder einen negativen Aspekt konzentrieren und die andere Person anschließend raten lassen, welcher es war.

Diese Strategie wird nicht in jedem Fall dazu führen, dass Ihre Aversionen verschwinden. Sie erleichtert es Ihnen aber, auch mit denjenigen Eltern, die nicht auf Ihrer Wellenlänge liegen, höflich und professionell zu kommunizieren. Sollten Sie eine ausgeprägte Antipathie nicht auflösen können, bleibt immer noch die Möglichkeit, den Kontakt mit den entsprechenden Personen auf ein Minimum zu begrenzen und Gespräche einer Kollegin zu überlassen.

[4] Vgl. Rosenthal; Jacobson 1971.

Ich bin okay, du bist okay

Unsere innere Einstellung einer Person gegenüber ist bestimmend für den Erfolg des Gesprächs. Doch auch die eigene Einstellung sich selbst gegenüber ist wichtig. Menschen, die sich nach dem Motto „Ich bin okay" selbst akzeptieren, fällt es auch leichter, andere zu akzeptieren. Und umgekehrt: Je eher ich andere akzeptiere, desto eher empfinde ich mich selbst als „okay".

Zweifel an der eigenen Kompetenz

„Ich weiß einfach nicht, was ich der Mutter raten soll."

„Damit bin ich im Augenblick überfragt."

„Sie müssen doch wissen, was wir tun können, damit Frieda nicht immer die anderen Kinder beißt, Sie sind doch die Fachfrau!"

Selbstzweifel und Unsicherheit im Gespräch können verschiedene Ursachen haben. Wissenslücken, eine ungünstige Beziehungsdynamik zwischen Erzieher und Eltern, ein besonders schwieriges Thema oder einfach eine schlechte Tagesform stehen vielleicht dahinter, wenn wir im Gespräch mit Eltern plötzlich keine Antwort auf eine Frage wissen oder die Situation uns überfordert. Dann geraten wir ins Stottern, uns wird heiß oder kalt oder vielleicht stehen sogar Tränen in den Augen.

Unsicherheit gehört dazu

In gewissem Maß gehört dieses Gefühl zum Alltag. Niemand kann alles wissen und die wenigsten Erzieherinnen werden im schnellen Wechsel von Themen und Anforderungen jede Frage beantworten können.

Vor allem: Jede Situation ist einzigartig, jede Familie besonders und alles theoretische Wissen kann uns nicht auf die vielen Menschen mit ihren individuellen Schicksalen vorbereiten, mit denen wir es in der Kita zu tun haben. Selbstzweifel sind zum Teil also normal und werden oft mit wachsender Berufserfahrung weniger. Gleichzeitig kann das Gefühl von fachlicher oder persönlicher Unsicherheit eine Anregung sein, sich fortzubilden, den Austausch zu suchen oder die eigenen Kompetenzen zu erweitern.

Umgang mit Wissenslücken im Gespräch

Aber wie reagieren, wenn der „heiße Schreck" uns in die Glieder fährt, weil Eltern unsere Meinung anzweifeln (*„Woher wollen Sie das denn wissen?", „Das stimmt doch gar nicht", „Sie haben gesagt, dass … und jetzt …"*), wenn wir ratlos sind oder Gefühle uns überwältigen? Statt die Unsicherheit zu überspielen, sich herauszureden oder Unwissen zu vertuschen, ist es im Gespräch grundsätzlich empfehlenswert, selbstbewusst mit den eigenen Lücken umzugehen.

Mit diesen Strategien zeigen Sie Souveränität auch in schwierigen Situationen:

Man kann nicht immer auf alles eine Antwort parat haben. Aber man kann lernen, mit solchen Situationen umzugehen.

Strategie 1: Antwort vertagen

- Eine Reaktion, wie *„Damit bin ich im Augenblick überfragt. Ich finde aber gern Genaueres heraus und komme morgen wieder auf Sie zu"*, zeigt Professionalität und Zuwendung.

Strategie 2: Dank

- Elegant ist es, sich zu bedanken, wenn Eltern auf Fehler aufmerksam machen oder eine Unterlassung ansprechen: *„Danke, dass Sie da so gut aufgepasst haben. Tatsächlich haben Sie Recht, ich habe mich geirrt und es ist ...", „Ich bin froh, dass Sie das ansprechen. Wir müssen die Sache unbedingt klären und ..."*

Strategie 3: Offenheit

- Auch das Gefühl der Überforderung angesichts von persönlichen Problemen ist legitim und muss nicht versteckt werden: *„Ich würde Ihnen gern helfen, aber im Moment habe ich auch keine Idee", „Es tut mir leid, wenn ich so emotional reagiere. Ihr Anliegen erwischt mich gerade auf dem falschen Fuß. Darüber muss ich nachdenken und mich mit den Kolleginnen austauschen."*

Strategie 4: Nachfragen

- Manchmal lassen sich Probleme besser verstehen, wenn noch einmal konkret nachgefragt wird: *„Was genau fehlt Ihnen?", „Was erwarten Sie von einem guten Erzieher?"*

> **TIPP**
>
> *Bei Unsicherheit über die fachliche Kompetenz hilft Weiterbildung und Austausch im Team oder mit Kolleginnen. Fortbildungen, Literatur, Gespräche mit anderen – erfolgreich kommunizieren ist ein Lernprozess, der nie ganz abgeschlossen ist. Nutzen Sie Fortbildungsangebote, wagen Sie sich an Rollenspiele, besprechen Sie schwierige Situationen mit Kollegen und trainieren Sie regelmäßig schwierige Situationen im Elterngespräch. So lernen Sie, von Mal zu Mal leichter mit den unvermeidlichen Situationen umzugehen, in denen Sie an der eigenen Kompetenz zweifeln.*

Überschreiten der Grenzen zur Privatsphäre

„Kommen Sie doch morgen Abend auch vorbei, wir treffen uns mit ein paar Mädels zum Walken."

„Kennen Sie das auch? Mein Mann geht mir so was von auf die Nerven."

„Mit Ihnen kann ich so gut reden, ich wüsste nicht, was ich ohne Sie machen sollte."

Intensive Beziehungen zwischen Menschen, Zuneigungen und selbst Freundschaften sind in der Kita keine Seltenheit. Allein der Auslöser der Begegnung – das Kind – sorgt dafür, dass das Verhältnis vieler Eltern zu den Erzieherinnen eine freundschaftliche, manchmal auch eine familiäre Facette hat. Hinzu kommt, dass Eltern oft zweimal täglich, über einen Zeitraum von mehreren Jahren in der Kita präsent sind. Und das in einer Lebenssituation, in der sich viele verunsichert, gestresst oder auf andere Weise herausgefordert fühlen.

Kein Wunder, wenn die Erzieherin da nicht länger als Dienstleisterin, sondern als Freundin wahrgenommen wird. Grundsätzlich ist es völlig normal, wenn Sie mit einigen Eltern „besser können" als mit anderen. Dennoch sollten Sie sehr genau darauf achten, keine „Lieblinge" zu haben. Als Erzieher müssen Sie alle Eltern mit der gleichen Professionalität behandeln. Das ist zwar auch möglich, wenn Sie persönliche Freundschaften mit einigen Eltern pflegen, leichter wird es dadurch aber nicht.

Hinterfragen Sie auch die eigenen Beweggründe, wenn Sie den Eindruck haben, dass es Ihnen an Distanz fehlt. Nicht nur die Eltern, auch wir selbst suchen immer wieder nach Nähe und Bestätigung. Deshalb können der Wunsch nach Anerkennung, Angst vor Ablehnung oder das Bedürfnis, gemocht zu werden, durchaus dafür verantwortlich sein, dass wir von uns aus mehr Nähe zulassen, als es in einer professionellen Arbeitssituation wünschenswert wäre.

Je nachdem, wie bedürftig die Eltern sind, kommt es vor, dass Sie in persönliche oder familiäre Probleme eingeweiht werden oder als seelischer Beistand fungieren sollen. Ein Stück weit stellen solche Vertrauensbeweise Sie vor ein Dilemma: Einerseits hilft ein gutes Verhältnis und Wissen über den familiären Hintergrund im Umgang mit dem Kind. Andererseits kann es überfordern, wenn Eltern Ihnen zu nahe kommen und die Grenze zum Privaten übertreten.

So können Sie auf zu viel Nähe reagieren

- *„Ich freue mich, dass Sie mir das ‚Du' anbieten. Aber ich möchte doch lieber beim ‚Sie' bleiben, das ist bei uns so Kita-Politik, schließlich möchte ich auch alle Eltern gleich behandeln."*
- *„Vielen Dank für die Einladung, das klingt wirklich verlockend. Leider kann ich das aber nicht wahrnehmen. Ich trenne Berufliches und Privates, damit es da keine Konflikte geben kann. Ich hoffe, Sie sind mir deswegen nicht böse."*
- *„Das hört sich an, als hätten Sie einiges zu bewältigen. Vielen Dank für Ihr Vertrauen und dass Sie mir so offen davon erzählt haben. Aber ich glaube, ich bin dafür nicht die richtige Ansprechpartnerin, dafür bin ich gar nicht ausgebildet. Für das, was Sie derzeit belastet, brauchen Sie einen Experten. Haben Sie schon mal daran gedacht ...?"*
- *„Es tut mir so leid, dass es Ihnen so schlecht geht, und ich danke Ihnen für Ihr Vertrauen. Es ist gut, dass Sie über Ihre Situation reden. Aber ich kann Ihnen dabei nicht wirklich helfen, Sie brauchen jemanden, der sich um Sie kümmert, ich bin ja eigentlich für Ihr Kind da. Ich kann Ihnen aber gern mit Informationen helfen, an wen Sie sich wenden können."*

Abgrenzen ist nicht einfach

Wenn Sie sich zunehmend vereinnahmt fühlen, wird es notwendig, sich abzugrenzen. Das fällt nicht unbedingt leicht, weil damit auch immer ein Gefühl von Zurückweisung verbunden ist. Damit haben gerade diejenigen, die sich schnell vereinnahmen lassen, oft Probleme. Dennoch ist die professionelle Distanz wichtig und sinnvoll. Nur, wenn Sie Ihre Grenzen kennen und einfordern, sind Sie auf Dauer arbeitsfähig.

TIPP

Bleiben Sie beim „Sie"! Zu großer Nähe beugt das professionelle „Sie" vor. Ob die Eltern gesiezt oder geduzt werden, variiert von Einrichtung zu Einrichtung. In den meisten Kitas wird gesiezt, viele benutzen aber noch das „Du". Vereinfacht gesagt, wirkt das „Du" vertrauensvoller und näher als das formelle „Sie", impliziert aber gleichzeitig leicht einen Mangel an professioneller Distanz.
Wer sich duzen lässt, mag zugänglicher wirken. Ein „Sie" vermittelt jedoch mehr Respekt und Professionalität – Eigenschaften, die gerade in schwierigen Elterngesprächen wichtig sind.

Wer ständig erreichbar ist, gerät schnell in Stress.

Vorbereitung auf schwierige Gespräche

Gut gerüstet für schwierige Gespräche

Auf den vorherigen Seiten haben Sie einiges über schwierige Gesprächssituationen gelesen und über die Möglichkeiten, im Gespräch darauf einzugehen. Manche Situationen haben Sie vielleicht in ähnlicher Weise bereits erlebt und konnten Ihr damaliges Verhalten und den Verlauf, den das Gespräch genommen hat, vor diesem Hintergrund noch einmal reflektieren. Andere kamen Ihnen unbekannt vor oder Sie haben erleichtert festgestellt, dass Gespräche mit „Ihren" Eltern in der Regel doch weniger problematisch ablaufen als angenommen.

Selbstverständlich ähnelt keine Situation exakt der anderen – Inhalt, Beteiligte, Tagesform und viele weitere Faktoren machen jedes Gespräch einzigartig. Unabhängig vom jeweiligen Gesprächsanlass können Ihnen einige Hilfsmittel jedoch helfen, auf schwierige Gesprächssituationen vorbereitet zu sein.

Dazu gehören:

- ✔ **Methodenkompetenz** in Gesprächsführung und Kommunikation
- ✔ **Klarheit** über die eigene Rolle und über die Einstellung den Eltern gegenüber
- ✔ adäquate **inhaltliche Vorbereitung**
- ✔ **Entspannungsübungen**, um gelassen in das Gespräch zu gehen und Nervosität in den Griff zu bekommen

Zum ersten Punkt, Methodenkompetenz, finden Sie in Kapitel 1 dieses Buchs einige Hinweise (s. S. 17 ff.). Auch wenn Ihnen die Inhalte bekannt vorkommen – es lohnt sich, sich die wichtigsten Techniken immer wieder zu vergegenwärtigen. Instrumente von Gesprächsführung, wie aktives Zuhören, Ich-Botschaften und Fragen, funktionieren nur mit der richtigen Einstellung. Wenn die stimmt, sind sie wertvolle Hilfsmittel, um schwierige Gespräche erfolgreich zu meistern.

Wie geht es mir? Wie geht es den Eltern?

Ebenso wichtig ist der zweite Punkt, Klarheit über die eigenen Gefühle und die eigene Rolle sowie über das Verhältnis den Eltern gegenüber und das Bewusstsein über deren Situation. Sie müssen nicht vor jedem Gespräch Ihre Rolle und Ihr Verhältnis zu den Eltern reflektieren, von Zeit zu Zeit gehört eine Auseinandersetzung damit allerdings dazu. Schließlich sind Sie einer der wichtigsten Beteiligten am Gespräch und steuern es mit Ihrer Einstellung ganz maßgeblich. Die folgende Übung hilft Ihnen bei der Beschäftigung mit diesem wichtigen Thema. Vielleicht hat Ihr Team während eines Studientages einmal Zeit dafür, vielleicht setzen Sie sich auch für sich damit auseinander. Es geht hier weniger darum, eine Technik zu erlernen oder zu einem „richtigen" Ergebnis zu kommen. Vielmehr erkennen und reflektieren Sie eigene Standpunkte und kommen mit etwas Abstand vielleicht zu einer veränderten Einstellung.

Nicht vergessen

Die wichtigste Bedingung für gelingende Elterngespräche ist ein Verhältnis, das von gegenseitigem Respekt, Vertrauen und Offenheit geprägt ist.

Übung: Selbstreflexion

Erinnern Sie sich an ein Elterngespräch der letzten Zeit, das Sie als „schwierig" eingestuft hatten, aber auf gute Weise führen konnten. Notieren Sie, wie Sie es geschafft haben, das Gespräch in Ihrem Sinne zu steuern. Was hat Ihnen innerlich und äußerlich geholfen?

Einstellung zu den Eltern reflektieren

Reflektieren Sie entweder gemeinsam im Team oder für sich allein Ihre Einstellung zu den Eltern. Bringen Sie sich zunächst in eine offene und entspannte Stimmung, z. B. mit einer Atemübung.
Danach widmen Sie sich dem Thema „Einstellung den Eltern gegenüber". Hilfreich sind hier bildgebende Übungen, die eher an unser Gefühl anknüpfen und weniger an den Verstand. Im Bild gelingt es leichter, Gefühle sichtbar zu machen, gerade wenn sie vielleicht zwiespältig sind oder uns erschrecken.

Übung: Collage erstellen

Besorgen Sie einen großen Stapel alte Zeitschriften und/oder Kataloge, weitere Bastelmaterialien, Stoffe, reichlich Klebestifte und Papier. Dann kann's auch schon losgehen mit der Collage: Jede Kollegin erstellt in ca. 20 Minuten ihre eigene Collage zum Thema „Was sehe ich, wenn ich an die Eltern denke?" oder „Was ist eine Familie für mich?".
Die Collagen können aus Zeitungsausschnitten, Schriftfragmenten, Bändern, farbigen Papierschnipseln, Fotografien, Hölzern, Stoffen u. v. m. bestehen. Mit dieser Technik setzen Sie kreative Potenziale frei und erlauben es sich, einmal frei von Zwängen einfach draufloszuarbeiten. Anschließend gestalten Sie eine kleine Ausstellung der Ergebnisse und diskutieren die Empfindungen und Ergebnisse mit den Kolleginnen.

Variante: Bild malen
Wer mag, kann dieselbe Fragestellung auch bildlich darstellen. Dazu werden große Papierbögen, verschiedene Farben und Stifte sowie Pinsel benötigt. Je größer die Papiere sind, desto besser!

Übung: Eindrücke sammeln mit der Kartenfrage

Ihre Ideen und Empfindungen zum Thema Elternarbeit und Gespräche können Sie auch mit einer Kartenfrage zusammentragen. Jede Kollegin erhält dazu einige Moderationskarten, auf die Antworten zu den Fragen geschrieben werden, die Sie zuvor gut sichtbar an das Flipchart schreiben.
***Achtung:** Nur eine Idee pro Karte und nicht mehr als drei Zeilen schreiben, sonst sind die Karten nicht mehr gut lesbar.*
Wählen Sie die Fragen so, dass sie zu Ihrer Kita passen. Die folgenden Beispielfragen bauen aufeinander auf, sodass es möglich ist, diese nacheinander zu bearbeiten:

- *Wie geht es den Eltern, denen ich in unserer Kita begegne?*
- *Was ist den Eltern wichtig? Über welche Themen möchten sie reden?*
- *Wie können wir dafür sorgen, dass Gespräche noch besser und erfolgreicher verlaufen?*

Die beschrifteten Karten werden eingesammelt und anschließend angepinnt. Ordnen Sie die Karten so, dass solche untereinander platziert werden, die inhaltlich zusammengehören. So entstehen mehrere Themen-Cluster, diese Schwerpunkte sichtbar machen. Ihre gesammelten Ideen und Impressionen können Sie weiterbearbeiten, indem Sie zunächst feststellen, welche Punkte Ihnen als Team besonders wichtig sind.
Dazu verteilen Sie Klebepunkte an alle Kollegen und bitten sie darum, die Themen-Cluster mit einem Punkt zu bewerten. Die Anzahl der Klebepunkte gestaltet sich wie folgt: Jeder Teilnehmer erhält halb so viele Punkte, wie Cluster vorliegen, jedoch nicht mehr als fünf oder sechs. Die „Siegerthemen" können Sie dann weiterbearbeiten und konkrete Maßnahmen entwickeln.

Sich in die Rolle der Eltern hineinversetzen

Beschäftigen Sie sich nicht nur mit Ihren Gefühlen, trainieren Sie auch immer wieder den Perspektivwechsel, um die Situation eines Gesprächs aus Sicht der Eltern zu reflektieren: Was empfindet die Mutter, die heute zum Gespräch kommt, weil es letzte Woche Streit wegen des Vorleseprogramms gab? Wie geht es den Eltern, die um einen Termin gebeten haben, weil sie sich mehr Förderung für ihr Kind in einem bestimmten Bereich wünschen?

Selbst wenn der Gesprächswunsch von den Eltern ausgeht, etwa weil sie unzufrieden sind oder Beratungsbedarf haben, stellen schwierige Gespräche natürlich auch für sie eine Stress-Situation dar. Dafür gibt es mehrere Gründe:

- Eltern führen viel seltener Gespräche über Erziehung und Kita-Themen als die Erzieherinnen. Sie kennen weder den Ablauf noch den zu erwartenden Inhalt – das verunsichert oder macht nervös.
- Anders als viele Erzieherinnen verfügen die meisten Eltern nicht über das methodische Handwerkszeug, um Konflikte Erfolg versprechend zu lösen. Deshalb ist es so wichtig, dass Sie Ihre Rolle als Gesprächsleitung annehmen und ausfüllen. Dies ist eine wichtige Hilfe für die Eltern.
- Das Gesprächsthema, um das sich im Grunde alles dreht (auch wenn der Gesprächsanlass vordringlich die undichten Fenster im Gruppenraum sind), ist das eigene Kind. Für die Eltern ist das ein hochemotionales Thema, das in der Regel direkt mit ihrem Selbstbild verknüpft ist.
- Eltern befürchten negative Auswirkungen für ihr Kind, wenn sie sich offen äußern. *„Das hätte ich lieber nicht sagen sollen“* oder *„Das spreche ich besser nicht an“* sind typische Sätze vor oder nach einem Gespräch mit der Erzieherin.

Übung

Um sich in die Position der Eltern zu versetzen, stellen Sie sich einmal folgende Situation vor: Sie möchten sich in Ihrem Reisebüro über eine schiefgelaufene Reservierung beschweren und werden von den Mitarbeitern gar nicht ernst genommen. Spielen Sie im Kopf verschiedene Möglichkeiten durch, wie die Mitarbeiterin reagieren könnte (Ausweichen, Abstreiten, Verharmlosen etc.), und beobachten Sie Ihre eigene Reaktion.

Abwehr erkennen

Unsicherheit und Stress sind in schwierigen Gesprächen also auf beiden Seiten vorhanden. Wenn Sie sich das bewusst machen, gelingt es Ihnen leichter, auf abwehrendes Verhalten nicht „mit gleicher Münze“ zu reagieren, sondern eine professionelle und mitfühlende Haltung einzunehmen.
Statt also beleidigt zu reagieren oder zum Gegenangriff überzugehen, wenn eine Mutter meckert oder ein Vater Ihre Kompetenz in Zweifel zieht, erkennen Sie Aggression und Ärger als einen Versuch der Eltern, sich oder ihr Kind zu schützen, und gehen entsprechend darauf ein.

Diese Formen kann die Abwehr der Eltern annehmen:

- ***Vorwürfe***
  „Was denken Sie sich eigentlich …?"
  „Sie haben versäumt …"
- ***Angriffe***
  „Das wird noch ein Nachspiel haben!"
  „Das lasse ich mir nicht gefallen!"
- ***Anschuldigungen***
  „Sie hätten aber wirklich …"
  „Es ist Ihre Schuld, dass …"
- ***Abstreiten***
  „Das kann ich mir gar nicht vorstellen."
  „Zu Hause macht sie das nie."
- ***Abblocken***
  „Das geht Sie gar nichts an!"
  „Das muss ich mir von Ihnen nicht sagen lassen!"
- ***Passivität und Rückzug***
  „Ich kann ja doch nichts ausrichten."
  „Zum Elternabend komme ich nicht."

Auch in schwierigen Gesprächen respektvoll und höflich miteinander umgehen

Im Gespräch konstruktiv mit Abwehr umgehen

Wenn Sie Widerstand und Abwehr als Zeichen von Angst oder Unsicherheit erkennen, können Sie darauf mit Empathie reagieren.

Verständnis zeigen

Nehmen Sie Ihrem Gegenüber Wind aus den Segeln, indem Sie nicht auf kontra gehen, beschwichtigen oder abwiegeln, sondern zeigen Sie zunächst, dass Sie Verständnis für die Reaktion haben: *„Ich verstehe, dass Sie sich wünschen, dass Luisa gut bei uns gefördert wird."*
Ihr Verständnis bedeutet nicht, dass Sie dem Gegenüber Recht geben. Es rechtfertigt auch nicht eine unangemessene Form von Kommunikation, im Gegenteil. Wenn sich Eltern im Ton vergreifen, sollten Sie das ruhig direkt ansprechen: *„Ich sehe, dass Sie wirklich ärgerlich sind. Wir werden die Sache jetzt sofort klären. Bitte schreien Sie mich aber nicht an, ich fühle mich angegriffen."*
Durch Ihr Verständnis zeigen Sie trotz dieser Klarstellung, dass Sie das Anliegen Ihres Gegenübers ernst nehmen.

Klären, worum es genau geht

Oft sind Anklagen und Angriffe unspezifisch:

- *„Warum kümmern Sie sich nicht besser um Timo?"*
- *„Paula langweilt sich immer in der Gruppe und kaspert deshalb herum."*
- *„Kilian hat solche Angst, dass er gar nicht mehr in die Kita gehen möchte."*

Statt sofort abzuwiegeln, Gegenargumente zu bringen oder sich zu verteidigen, zeigen Sie Interesse und versuchen Sie, genau herauszufinden, worum es im Einzelfall geht. Viele wütende Eltern lassen sich schon dadurch besänftigen, dass sie sich ernst genommen fühlen.

Außerdem können Sie den Sachverhalt nur klären, wenn deutlich ist, wo das eigentliche Problem liegt. Fragen Sie deshalb nach den Vorstellungen und Wünschen der Eltern und bitten Sie darum, unspezifische Vorwürfe zu konkretisieren:

- *„An welche Art der Vorbereitungen denken Sie denn konkret?"*
- *„Ich würde gern verstehen, was Sie damit genau meinen. Lassen Sie uns einen Termin für ein Gespräch vereinbaren, dann können Sie mir Ihre Erwartungen schildern."*
- *„Gibt es einen konkreten Anlass für Ihre Sorge? Was ist denn genau zwischen den beiden vorgefallen?"*

Thema eingrenzen und Ziele finden

Wenn deutlich ist, worum es geht, können Sie das Problem inhaltlich weiter beleuchten. Fragen Sie nach Vorstellungen, Meinungen, Hintergründen etc.:

- *„Woran würden Sie eine gute Vorbereitung genau festmachen?"*
- *„Was würde denn Ihre Tochter sagen, wenn sie erzählen sollte, wie es ihr in der Kita gefällt?"*
- *„Heißt das, dass Sie … wünschen?"*

Wahrscheinlich ist die Stimmung jetzt bereits etwas ruhiger geworden und Sie können gemeinsam überlegen, welche Lösungen für das Problem infrage kommen bzw. welche Informationen oder andere Schritte noch benötigt werden. Diesen Punkt erreichen Sie aber nur, wenn Sie beim Thema bleiben und nicht ausweichen, abwiegeln, sich verteidigen oder rechtfertigen.

> ***Hinweis***
>
> *Machen Sie sich auch klar, dass es in schwierigen Situationen nicht Ihre Aufgabe ist, den Eltern alle Probleme abzunehmen oder fertige Lösungen für jede Frage oder jedes Anliegen zu präsentieren. Im Gespräch können Sie auf Sachverhalte hinweisen und gemeinsam Perspektiven für die Zukunft erarbeiten. Nicht mehr und auch nicht weniger.*

Standpunkte klären, ohne zu werten

Auch Ihre eigene Reaktion ist natürlich gefragt! Lassen Sie sich aber nicht unter Druck setzen, hier und jetzt eine Lösung zu präsentieren. Gerade wenn Eltern Kritik äußern, wünschen sie sich eine schnelle Klärung oder ein Eingehen auf ihre Wünsche. Das ist aber nicht immer möglich und auch nicht sinnvoll. Erklären Sie also Ihren Standpunkt:

- *„Wären Sie bereit, auch meinen Standpunkt zu sehen?"*
- *„Ich möchte Ihnen gern erzählen, wie sich die Situation aus meiner Perspektive darstellt."*

Dabei sollten Sie nicht werten oder gleich eine Schlussfolgerung ziehen. Geben Sie auch den Eltern Gelegenheit, ihren Standpunkt darzustellen, und zeigen Sie Interesse durch aufmerksames Nachfragen.

Abschluss und Ausblick

„Ich danke Ihnen für Ihre Offenheit. Ihre Reaktion hat mich ja erst etwas erschreckt, aber ..." Den letzten Schritt bildet der Gesprächsabschluss. Fassen Sie das Ergebnis und die nächsten Schritte noch einmal kurz zusammen. Damit wird sichergestellt, dass beide Gesprächspartner tatsächlich das gleiche Ergebnis aus dem Gespräch mitnehmen. Gerade in emotional aufgeladenen Situationen ist es wichtig, diese Zusammenfassung zum Schluss nicht zu vergessen, sonst ist das nächste Missverständnis womöglich vorprogrammiert.

Wenn das Gespräch sich im Kreis dreht, hilft manchmal ein Blick auf die Metaebene, um sich wieder auf das eigentliche Ziel zu besinnen.

Umgang mit Nervosität

Trotz aller Vorbereitung wird es immer wieder vorkommen, dass Sie vor einem Gespräch sehr nervös sind.

Nervosität ist für unseren Körper nichts anderes als ein Stresszustand mit den bekannten Folgen: trockener Mund, Zittern, flaues Gefühl etc. Dieser Zustand drückt sich in Redewendungen, wie *„Meine Zunge war wie gelähmt"*, *„Ich habe einen Kloß im Hals"* oder *„Es schnürte mir die Kehle zu"*, aus.

Doch nicht nur wir selbst spüren den *„Kloß im Hals"* – die innere Einstellung teilt sich über körpersprachliche Signale auch dem Gegenüber mit. Je mehr wir versuchen, unsere Nervosität zu überspielen, desto heftiger wird sie oft. Besser als Überspielen hilft es paradoxerweise, die eigene Angst anzuerkennen. Wenn Sie sich also sagen: *„Stimmt, ich bin total nervös, weil ich heute mit Frau Huber reden werde und ihr sagen möchte, dass sie Theresa nicht wieder mit Fieber in die Kita bringen soll …"*, haben Sie damit schon den ersten Schritt getan, sich das Gefühl einzugestehen.

Affirmationen

Ein hilfreiches und bewährtes Gegenmittel gegen fruchtlose Grübeleien sind positive Selbstbestätigungen (Affirmationen), mit denen Sie sich vor einem schwierigen Gespräch selbst Mut zusprechen:

- *„Ich bin gut vorbereitet."*
- *„Ich bleibe ruhig und gelassen."*
- *„Ich habe schon viele Gespräche erfolgreich geführt und werde das jetzt wieder tun."*
- *„Ich kann das."*
- *„Ich nehme die Eltern so an, wie sie sind."*

So tun, als ob

Wenn Ihre Nervosität nicht übergroß ist, können Sie sich auch die Wechselwirkung zwischen innerer Einstellung und Körpersprache zunutze machen. Genauso, wie negative Gefühle uns dazu bringen, bestimmte Signale auszusenden, tun das auch positive Gefühle. Wenn Sie sich also dazu zwingen, nur für ein bis zwei Minuten positive körpersprachliche Signale der Sicherheit auszusenden, wirkt sich das auf die innere Einstellung aus. Mit anderen Worten: Wenn Sie so tun, als wären Sie komplett sicher und z. B. den Gesprächspartner mit erhobenem Kopf und direktem Blick begrüßen, aufrecht sitzen und sich dem anderen zuwenden, wirkt sich diese Körpersprache auf das innere Gefühl aus und Sie fühlen sich tatsächlich sicherer.

Achtung: *Wenn Ihre Nervosität sehr groß ist, sollten Sie sie nicht überspielen.*

Signale der Sicherheit senden

Wer die nonverbalen Signale kennt, kann sie also ein Stück weit bewusst einsetzen. Ganz wichtig: Es geht beim Training der Körpersprache nicht darum, sich zu verstellen oder etwas vorzutäuschen. Das würde auch nicht viel bringen. Psychologen haben herausgefunden, dass wir nur etwa 150 Millisekunden brauchen, um zu entscheiden, ob ein Gesprächspartner als vertrauenswürdig empfunden wird oder nicht. Eine Zeitspanne, die so winzig ist, dass wir sie unmöglich bewusst beeinflussen könnten.

Das Training der nonverbalen Signale funktioniert vielmehr in zwei Schritten:

- ✔ Da ist zunächst die bereits beschriebene Selbstwahrnehmung, d. h. sich über eigene Erfahrungen und Empfindungen, über persönliche Stärken und

Schwächen, aber auch über die Einstellung den Eltern gegenüber klar zu werden.

✔ Zum Zweiten geht es darum, die wichtigsten nonverbalen Signale des Körpers zu kennen. Wer weiß, dass eine bestimmte Körperhaltung Selbstvertrauen signalisiert, während eine andere Unsicherheit ausstrahlt, kann sich bewusst um eine aufrechte Haltung und einen offenen Blick bemühen.

Die Tipps und Übungen auf den folgenden Seiten helfen Ihnen, beim nächsten Gespräch mit Körperhaltung, Stimme, Mimik und Gestik Signale der Sicherheit zu senden. Einige Übungen können Sie gut mit einer Kollegin oder sogar im ganzen Team durchführen, andere helfen bei der Vorbereitung.

So wirken Sie im Gespräch sicher

- ***Haltung:*** *Sitzen oder stehen Sie aufgerichtet und gerade. Wenden Sie Ihren Oberkörper dem Gesprächspartner zu.*
- ***Atem und Stimme:*** *Atmen Sie ruhig und tief, sprechen Sie abwechslungsreich und deutlich.*
- ***Ausdruck:*** *Schauen Sie Ihr Gegenüber an, nicken und lächeln Sie (wenn es angemessen ist).*
- ***Gestik:*** *Halten Sie Hände und Füße ruhig, ohne sich zu verkrampfen oder festzuklammern.*

Signal 1: Aufrechte Haltung

Eine aufrechte Haltung ist das erste Signal der Sicherheit, das Sie mit Ihrer Körpersprache senden. „Rückgrat zeigen“ ist nur eine Redewendung, die bildhaft ausdrückt, was dahintersteckt. Mit Ihrer Körperhaltung signalisieren Sie, dass Sie hinter Ihrer Sache stehen. Über alle Kulturgrenzen hinweg vermittelt eine gerade, offene Haltung deshalb Aufrichtigkeit und Überzeugungskraft.

Ein aufgerichteter Körper wirkt sich auch auf die Stimme aus: Er bewirkt, dass mehr Luft in die Lungen strömt und die Stimme voll ausgeschöpft wird. Sie können lauter und klarer sprechen, haben im Wortsinn einen „längeren Atem“ und verleihen Ihren Worten mehr Durchsetzungs- und Überzeugungskraft. Im Kontrast dazu verhindert eine energielose und in sich zusammengesackte Körperhaltung das volle Ausschöpfen der eigenen Stimmkraft. Der Atem geht flacher, die Stimme klingt dünner und „piepsiger“.

Übung zur Selbstwahrnehmung

Probieren Sie es einmal aus:
Setzen Sie sich zunächst aufrecht hin. Lassen Sie nun Kopf und Schultern nach vorn sinken, sodass Sie etwas in sich zusammenfallen. Der Blick ist nach unten gerichtet. Sagen Sie laut: „Es geht mir gut.“
Nun verändern Sie Ihre Position. Richten Sie Wirbelsäule und Kopf auf. Achten Sie darauf, beide Füße aufzustellen. Der Blick richtet sich nach vorn. Lächeln Sie. Wiederholen Sie Ihren Satz: „Es geht mir gut.“
Spüren Sie den Unterschied?
In der ersten Haltung ist es fast unmöglich, dynamisch und kraftvoll zu sprechen. Die in sich gesunkene Haltung klemmt das Zwerchfell ab und verhindert, dass die Atemluft in die Bauchhöhle strömen kann. Das Ergebnis ist eine flache Stimme und ein wenig überzeugender Auftritt. In der zweiten Position dürfte Ihnen ein überzeugendes „Es geht mir gut“ deutlich leichterfallen.

Eine feste, aufrechte Haltung funktioniert im Sitzen und im Stehen gleichermaßen. Sie lässt sich ganz einfach trainieren. Merken Sie sich das Gefühl, das damit einhergeht, damit Sie es im Fall eines schwierigen Gesprächs aus Ihrem inneren Speicher abrufen können. Die folgende Übung können Sie immer wieder durchführen, wenn Sie irgendwo stehen, z. B. an der Supermarktkasse.

Übung für eine aufrechte Haltung

Stellen Sie sich aufrecht hin, beide Beine sind fest im Boden verankert. Die Wirbelsäule ist aufgerichtet. Weiten Sie nun beim Einatmen den Brustkorb, lassen Sie die Schultern locker nach hinten und unten sinken und halten Sie den Kopf aufgerichtet und gerade, so als wäre an Ihrer Scheitelmitte ein Luftballon befestigt, der Sie ein kleines bisschen nach oben zieht. Wiederholen Sie das für einige Atemzüge und genießen Sie das Gefühl, ganz locker und gerade zu stehen.

Signal 2: Atem und Stimme

Unabhängig vom Inhalt des Gesprochenen gibt eine klare, volle Stimme ein zweites Signal der Sicherheit ab. „Der Ton macht die Musik", weiß der Volksmund und liegt mit dieser Aussage auf einer Linie mit der Wissenschaft.

Schon die Tonhöhe, also ob jemand mit hoher oder tiefer Stimme spricht, wird unbewusst wahrgenommen und bewertet. Psychologen haben beispielsweise herausgefunden, dass Menschen mit einer tiefen, dunklen Stimme eher Kompetenz zugesprochen wird und dass sie als überzeugender und angenehmer wahrgenommen werden als Zeitgenossen mit hoher Stimme. Nun kann niemand seine eigene Stimmlage nach Belieben wechseln. Ein bewusster Umgang und vielleicht sogar ein professionelles Training machen hier aber viel aus.

Neben Atemübungen und der richtigen Körperhaltung, die zu einer vollen Stimme führen können, setzen Sie im Gespräch durch

- ✔ klare Aussprache,
- ✔ deutliche Betonung und
- ✔ Sprechtempo

weitere Akzente. Meist passiert das unbewusst, doch wenn Sie Profis, wie Politiker oder Theaterschauspieler bewusst wahrnehmen, machen Sie sich Ihre eigenen Möglichkeiten mit der Stimme zu spielen, bewusst.

Bemühen Sie sich vor allem um eine deutliche Artikulation. Nuscheln oder monotones Sprechen sind oft eine Folge nicht ausreichend eingesetzter Artikulation. Arbeiten Sie bewusst mit Ihrem Mund, Ihrer Kiefer- und Zungenmuskulatur. Öffnen Sie den Mund beim Reden, formen Sie die Laute deutlich und verständlich, und achten Sie auf eine klare Aussprache.

Eine aufrechte Haltung und das Aufwärmen der Stimme können in der Vorbereitung auf ein Gespräch hilfreich sein.

Übungen für eine volle Stimme und gute Artikulation

Übung 1: Atemübung bei Nervosität

Diese Übung löst schnell Verspannungen und wirkt gegen Kurzatmigkeit – ideal bei Nervosität vor einem schwierigen Gespräch!
Stellen Sie sich vor, auf Ihrem Handrücken läge eine herrlich duftende Blume. Führen Sie die Blume zur Nase und atmen Sie nun mehrmals schnuppernd durch die Nase ein, um den Duft wahrzunehmen. Füllen Sie Ihre Lungen ganz mit Luft. Sind die Lungen voll, atmen Sie auf einmal durch den Mund aus. Danach machen Sie eine Atempause (fünf bis zehn Sekunden), bevor Sie wieder einatmen. Sie atmen erneut „schnuppernd" durch die Nase ein, durch den Mund aus und machen danach eine Pause. Wiederholen Sie das einige Male. Nach vier bis fünf Atemzügen sind Sie ruhig und energiegeladen.

Übung 2: Die Stimme finden

Jeder Mensch hat eine Stimmlage, in der er mit geringstem Aufwand gut sprechen kann. Das ist die sog. „Indifferenzlage". Wenn Sie in dieser ganz eigenen Stimmlage sprechen, klingt die Stimme voll und sicher, und Sie fühlen sich beim Sprechen einfach wohl.
So bringen Sie Ihre Stimme zum Klingen: Summen Sie dazu erst mit geschlossenem Mund eine Melodie Ihrer Wahl. Wiederholen Sie die Übung dann auch mit offenem Mund.
So bringen Sie Ihre Stimmbänder so richtig in Schwingung!

Übung 3: Resonanzübung

Versuchen Sie, während Sie gleichmäßig atmen, den Mund zu öffnen und beim Ein- und Ausatmen einen Laut von sich zu geben, z. B. ein „Sch" oder „Fffff". Im nächsten Schritt geben Sie diesen Laut beim Ein- und Ausatmen mehrmals hintereinander ab: „Sch-Sch-Sch-Sch-Sch".
Damit trainieren Sie Ihr Zwerchfell. Es wird elastischer und Ihre Stimme dadurch sicherer. Noch einfacher funktioniert das, indem Sie herzhaft und laut lachen – und das für mehrere Sekunden. Denn Lachen ist die beste Übung, um das Zwerchfell zu trainieren.

Übung 4: Artikulation trainieren

Tun Sie so, als würden Sie kauen – und zwar ausgiebig und lang. Stellen Sie sich am besten eine Lieblingsspeise dazu vor und überlegen Sie, wie Sie diese kauen würden. Öffnen Sie dabei ruhig den Mund, um noch intensiver zubeißen zu können. Diese Übung lockert ganz gezielt Ihre Kiefermuskulatur, eine wichtige Voraussetzung, um klar zu artikulieren.

Signal 3: Mimik und Blickkontakt

Mit „Mimik" wird der gesamte Ausdruck des Gesichts bezeichnet, auch der Blickkontakt gehört dazu. Ähnlich wie die Gestik lässt sich unsere Mimik nur schwer kontrollieren. Wer es dennoch versucht, wirkt schnell unglaubwürdig.

Ob wir es wollen oder nicht, der Gesichtsausdruck spiegelt die persönlichen Einstellungen und Gefühle und zeigt, ob wir mit etwas übereinstimmen oder nicht. Allein durch Blicke und die entsprechende Mimik können sehr komplexe Botschaften ausgetauscht werden: Erstaunen, Abscheu, Zustimmung, Fragen, Zorn, Freude etc. Untersuchungen zeigen, dass Menschen quer durch alle Kulturkreise hindurch in der Lage sind, bestimmten Gesichtsausdrücken die richtige Gefühlslage zuzuordnen. Denken Sie dran, dass Gefühle sich nicht vortäuschen lassen, aber mit Blickkontakt, Lächeln und Nicken zeigen wir unser Interesse.

Vor allem der Blickkontakt stellt ein wichtiges Instrument der Kommunikation dar. Sicher kennen Sie die Redewendung „Die Augen sind der Spiegel der Seele". Mit Blicken steuern wir den Gesprächsablauf, signalisieren Gesprächsbereitschaft und Aufmerksamkeit, zeigen unsere Zustimmung oder Ablehnung. Während Blickkontakt Aufmerksamkeit, Sicherheit und Interesse zeigt, hat fehlender Blickkontakt genau die gegenteilige Wirkung. Wissenschaftler haben festgestellt, dass mit zunehmender Verunsicherung der Blickkontakt immer mehr abnimmt. Zwingen Sie sich also auch bei Nervosität dazu, den Gesprächspartner anzuschauen. Mit umherschweifenden Augen oder dem konzentrierten Blick zur Decke, auf die Tischplatte oder Ihre Unterlagen signalisieren Sie Unsicherheit oder gar Desinteresse – Eindrücke, die Sie bei Ihrem Gespräch sicher vermeiden möchten.

Signal 4: Gestik

Verschränkte Arme wirken abweisend? Heftiges Gestikulieren zeugt von südländischem Temperament? Handflächen nach außen heißt „Ich bin offen"? Über die richtige oder falsche Gestik haben die meisten Menschen schon (zu) viel gehört. Oft führt aber gerade diese übermäßige Bewusstheit für alle möglichen „falschen" Gesten dazu, dass wir uns verkrampfen und dann genau so wirken, wie wir es eigentlich vermeiden wollten – unsicher.

Wer seine eigene Gestik, also die Bewegungen der Arme, Hände und des Kopfes, unterdrückt, läuft Gefahr, sich häufiger zu versprechen und den Faden zu verlieren. Im Rahmen des persönlichen Stils sollten Sie deshalb die eigene Gestik getrost zulassen.

Aber wohin mit den Händen, wenn wir gerade nicht gestikulieren oder etwas notieren? Ideal wäre es, sie locker auf dem Tisch liegen zu lassen. Als hilfreich empfinden es viele, einen Stift oder einige Karteikarten in der Hand zu halten. Solange Sie sich nicht an diesen Gegenständen „festklammern" oder damit herumspielen, sind diese Hilfsmittel durchaus erlaubt.

Vorsicht Falle!

Diese Gesten sollten Sie vermeiden, denn sie wirken unangenehm oder zeigen Verunsicherung:

- *Der ausgestreckte Zeigefinger (oder Stift) belehrt und bedroht. Verzichten Sie auf diese schulmeisterliche Geste!*
- *Ihre Hände gehören nicht ins Gesicht. Selbst wenn Sie zu Recht nervös sind – das „Herumfummeln" im Gesicht oder in den Haaren irritiert jeden Gesprächspartner.*
- *Die Hände sollten sichtbar bleiben – verstecken Sie sie also nicht unter der Tischplatte oder in der Tasche.*
- *Bemühen Sie sich, während des Redens auf alle Gesten zu verzichten, die Sie verkrampfen lassen, z. B. die Arme vor der Brust zu verschränken, die Schultern hochzuziehen oder die Füße unter dem Tisch zu verknoten. Solche Gesten bauen ungewollte Körperspannung auf und blockieren letztlich auch die Gedanken.*

Ideen für mich – gut für sich sorgen

„Wenn ich nur an das Gespräch mit Frau Schulz denke, wird mir schon ganz mulmig zumute."

„Ich weiß genau, dass ich alles vergesse, was ich mir vorgenommen habe, wenn der Vater mich wieder so mit seinen Forderungen überfährt."

Die eigene Einstellung hat viel damit zu tun, wie wir im Gespräch wirken, das haben Sie bei der Lektüre dieses Buches schon mehrfach gelesen. Um einen gelassenen, zuversichtlichen Zustand herbeizuführen, können Sie selbst einiges tun. Im Wesentlichen geht es darum, sich zu entspannen und sich die eigenen Fähigkeiten zu vergegenwärtigen.

Soforthelfer

Unmittelbar vor Gesprächsbeginn reichen dafür zehn Minuten und ein ruhiger Raum mit geschlossener Tür.

Beginnen Sie damit, den Körper zu entspannen:

- ✔ Bewegen Sie sich ein paar Schritte durch den Raum.
- ✔ Lockern Sie den Körper, wenn Sie den Impuls dazu verspüren, etwa indem Sie mit den Armen schlenkern, den Rumpf strecken, die Schultern rollen, sich strecken oder gähnen.
- ✔ Wenn Sie sich gelockert haben, setzen oder stellen Sie sich aufrecht hin und spüren Sie dieser Haltung nach.
- ✔ Nehmen Sie wahr, wie Ihre Füße fest und sicher auf dem Boden stehen oder wie sicher Sie auf dem Stuhl sitzen.
- ✔ Atmen Sie komplett aus und wieder ein. Wiederholen Sie das drei- bis fünfmal.

Bewegung hilft gegen Stress

Statt Bewegungsübungen im Raum können Sie selbstverständlich auch andere Formen finden, die Ihnen guttun. Ob es Ihnen mit einem Spaziergang, Gymnastik oder Yogaübungen gut geht, ist ganz von Ihren Vorlieben und der Situation abhängig. Mit Bewegung lässt sich Adrenalin abbauen, Entspannungsübungen helfen, sich auf das Wesentliche zu konzentrieren und positive Gedanken zu verankern.

Nach der körperlichen Entspannung lockern Sie im zweiten Schritt Ihre Gesichtsmuskeln.
Pusten Sie dazu beim nächsten Ausatmen die Luft durch den Mund aus, sodass die entspannten Lippen flattern. Dabei entsteht ein Geräusch wie das Schnauben eines Pferdes. Wiederholen Sie dieses Schnauben noch zweimal. Der Hintergrund: Wenn Sie nervös sind, verkrampfen sich die Muskeln um Ihren Mund herum. Durch das „Wegpusten" der Spannung ändert sich Ihr Gesichtsausdruck.

Zuletzt erinnern Sie sich an Ihre Ressourcen und öffnen damit den Zugang zu Ihrer Selbstsicherheit:

- ✔ Erinnern Sie sich an eine Situation (beruflich oder privat), die Sie erfolgreich gemeistert haben. Erleben Sie die Szene noch einmal und spüren Sie, was Sie damals gespürt haben.
- ✔ Blicken Sie auf Ihre gesamte persönliche und fachliche Erfahrung zurück. Denken Sie an all die Dinge, die Ihnen wichtig sind und die Sie bereits erreicht haben. Das alles sind Garanten der Stärke, die Sie in sich tragen und die Ihnen Selbstsicherheit verleihen.

Entspannt im Beruf

Kurze Entspannungsübungen helfen nicht nur unmittelbar vor einem schwierigen Elterngespräch, sie können auch Wohlfühl-Inseln im Kita-Alltag sein, die zwischendurch für eine Mini-Auszeit sorgen.

Übung: Von der Anspannung zur Entspannung

Zur Entspannung der gesamten Körpermuskulatur eignet sich diese Übung aus der Progressiven Muskelrelaxation. Sie kann regelmäßig durchgeführt werden oder zur Entspannung unmittelbar vor einem schwierigen Gespräch.

So führen Sie die Übung durch: Spannen Sie alle Muskelgruppen gleichzeitig an. Beginnend mit den Händen, die zu Fäusten geballt werden, Anspannen der Arm- und Schultermuskulatur, Hochziehen der Schultern, Stirnrunzeln, Nase rümpfen, Lippen spitzen, Zähne aufeinanderbeißen. Dann Kinn auf die Brust ziehen, Bauch einziehen, Gesäß zusammenziehen, Oberschenkel, Unterschenkel und Füße anspannen, Zehen spreizen. Spannung für einige Momente halten. Dann mit der Ausatmung bewusst alles locker lassen. Mit jedem weiteren Atemzug weiter entspannen und dem angenehmen Gefühl nachspüren. Ca. zwei Minuten weiter durchführen. Zum Schluss die Hände kurz zu Fäusten ballen, tief durchatmen und die Aufmerksamkeit nach außen richten.

Übung: Handmudras gegen Stress

Mudras sind eine Art „Finger-Yoga" für zwischendurch, die Sie vor einem Gespräch oder sogar währenddessen durchführen können. An den Füßen und Fingern sitzen sehr viele Nervenzellen. Gezielter Druck darauf kann entspannen oder anregen.

Hilfe bei Stress: Mit der rechten Hand ca. zehn Sekunden auf die weiche Stelle zwischen Daumen und Zeigefinger auf dem Handrücken der linken Hand drücken. Dreimal wiederholen. Danach Hände wechseln.

Energie aktivieren: Daumen und Zeigefinger beider Hände leicht aneinanderdrücken und ca. eine Minute halten.

Entspannung: Die Fingerspitzen von Daumen, Mittel- und Ringfinger aneinanderlegen, Zeigefinger und kleinen Finger abspreizen und mindestens eine Minute lang halten.

Atemübung, um sich zu erden

Aufrecht hinstellen und tief durch die Nase einatmen – Luft anhalten – durch die Nase ausatmen. Achten Sie darauf, in den Bauch zu atmen. Beim Atmen legen Sie erst die Hände unterhalb des Nabels auf den Bauch und spüren dem Atem nach. Dann wandern die Hände nach außen auf die Flanken. Zuletzt werden die Hände auf den Rücken gelegt, sodass sich die Fingerspitzen an der Wirbelsäule berühren. Versuchen Sie, den Atem unter den Händen zu spüren. Wer mag, schließt die Augen.

Übung: Reinigung

Stellen oder setzen Sie sich aufrecht hin. Schließen Sie die Augen und stellen Sie sich vor, dass mit jedem Einatmen helles Licht in Ihren Körper strömt und sich ausbreitet. Mit jedem Ausatmen strömt das Licht aus dem Körper und nimmt alles Dunkle, Verbrauchte mit. Einige tiefe Atemzüge lang führen Sie diese Übung fort.

Anhang

Kopiervorlagen

Checkliste Schwierige Gespräche vorbereiten (1/2)

Gespräch mit: .... *Datum:* ....

Anlass des Gesprächs:
Teilnehmer:
Was will ich mit dem Gespräch erreichen? Was sind meine Ziele?
Welche Themen will ich ansprechen?
Welche Argumente und Fakten habe ich? In welcher Reihenfolge will ich sie ansprechen?
Welche Fragen habe ich? Was will ich von den Eltern erfahren?
Welche Anliegen haben die Eltern vermutlich? Gibt es eine Vorgeschichte?

Checkliste Schwierige Gespräche vorbereiten (2/2)

Mit welchen Schwierigkeiten oder Widerständen rechne ich?
Welche konkreten Anliegen, Wünsche, Forderungen an die Eltern habe ich?
Welche Unterlagen benötige ich?
Mit welcher positiven Beobachtung beginne ich?
Habe ich mich im Team über das Kind und/oder den Gesprächsanlass ausgetauscht?
Welche konkreten Hilfsangebote/Fördermöglichkeiten/Ansprechpartner möchte ich empfehlen? Liegen die Kontaktdaten vor?
Benötige ich einen Dolmetscher?

Gesprächsraster schwierige Gespräche (1/2)

Phase	Darauf muss ich achten
Begrüßen/Atmosphäre schaffen	✔ inhaltlich und mental gut vorbereiten ✔ Eltern nicht warten lassen ✔ angenehme Gesprächsatmosphäre schaffen ✔ freundliche Begrüßung ✔ ohne Smalltalk zur Sache kommen ✔ Gesprächsanlass benennen, ohne zu werten oder für jemanden Partei zu ergreifen ✔ falls nötig, Raum geben, um Dampf abzulassen ✔ den anderen nicht als Gegner sehen, sondern sich auf die Inhalte konzentrieren und gemeinsame Interessen suchen (das Wohlergehen des Kindes!)
Eigenen Standpunkt darstellen (wenn Sie zum Gespräch eingeladen haben, sonst erst Eltern zu Wort kommen lassen, s. nächste Phase)	✔ Situation aus der eigenen Perspektive schildern ✔ Ich-Botschaften verwenden (s. a. S. 20 ff.) ✔ keine Vorwürfe machen ✔ keine Gegenangriffe oder andere Abwehrreaktionen ✔ eigene Gefühle wahrnehmen und ggf. ansprechen, auf eigene Körpersignale achten ✔ sich nicht einschüchtern oder beleidigen lassen ✔ den Eltern grundsätzliche Akzeptanz entgegenbringen und das auch ausdrücken
Standpunkt des anderen einholen	✔ mit offenen Fragen dazu anregen, dass der Gesprächspartner seine Sicht der Dinge schildert (s. a. S. 19) ✔ erst einmal nicht widersprechen oder unterbrechen, auch wenn Sie sich falsch verstanden fühlen oder Fakten falsch dargestellt werden ✔ versuchen zu verstehen, worum es dem anderen geht ✔ Gehörtes zusammenfassen („*Ich verstehe Sie so, dass Sie … Trifft das zu?*“) ✔ Gefühle des anderen in Worte fassen („*Das hört sich an, als ob sich das für Sie … anfühlt.*“)

Gesprächsraster schwierige Gespräche (2/2)

Dialog/Gemeinsame Lösung(en) finden	✔ Lösungen suchen und notieren, die beiden Parteien entsprechen ✔ eigenen Standpunkt vertreten ✔ Bedürfnisse des Gegenübers berücksichtigen ✔ Zwischenergebnisse festhalten ✔ beim Thema bleiben ✔ Lösungen müssen von den Eltern gewollt werden ✔ keine Gewinner-Verlierer-Lösung akzeptieren, stattdessen nach Win-win-Lösungen suchen
Konkrete Vereinbarungen treffen	✔ konkrete Vereinbarungen treffen ✔ Zeitplan festlegen ✔ Ergebnis zusammenfassen, Einverständnis der Eltern geben lassen ✔ Gesprächsnotiz anfertigen und durch beide Seiten unterschreiben lassen (s. S. 96) ✔ Ergebnis würdigen ✔ verabschieden

Kurzprotokoll Elterngespräch

Gespräch mit: .... *Datum:* ....

Anlass des Gesprächs:
Teilnehmer:
Vereinbarungen:
Verantwortlichkeiten mit Zeitvorgaben:
Nächster Gesprächstermin:
Unterschriften: .... (Erziehungsberechtigte) .... (Kindertagesstätte)

Die wichtigsten Gesprächsregeln (1/2)

1. **Ich mache mir meine Haltung klar.**
   Alles, was wir sagen oder verschweigen, unsere Mimik und unsere Körperhaltung beinhaltet eine Botschaft an unser Gegenüber. Machen Sie sich gerade vor „schwierigen" Gesprächen bewusst, welche Haltung und Gefühle Sie gegenüber dem Thema und der Person, mit der Sie dieses Gespräch führen, haben.

2. **Ich benenne immer Ressourcen.**
   In einem Gespräch über „schwieriges Verhalten" eines Kindes oder seiner Eltern entsteht schnell der Eindruck, dass „kein gutes Haar" an der Person gelassen wird. Sprechen Sie deshalb auch darüber, was Sie Positives sehen und welche Eigenschaften Sie am Kind (oder den Eltern) wahrnehmen, die zu einer Verbesserung der Situation genutzt werden können.

3. **Ich höre gut zu.**
   Wenden Sie sich Ihrem Gegenüber zu und halten Sie Blickkontakt. Hören Sie genau hin, was Ihr Gegenüber sagt und wie es auf Sie wirkt.

4. **Ich sage „ich".**
   Sprechen Sie in der „Ich-Form", statt ins unpersönliche „man" zu verfallen. Wenn Sie aus Ihrer Perspektive schildern, worum es Ihnen geht, vermeiden Sie, dass Ihr Gegenüber das Gefühl bekommt, sich verteidigen zu müssen.

5. **Ich spreche offen.**
   Sprechen Sie offen an, was Sie bewegt. Vermeiden Sie Vorwürfe und versuchen Sie, wertfrei zu schildern, womit Sie sich unwohl fühlen.

Die wichtigsten Gesprächsregeln (2/2)

6. Ich beschreibe konkrete Situationen.
Vermeiden Sie Begriffe wie „nie“ und „immer“. Verallgemeinerungen fordern Ihr Gegenüber heraus, Gegenbeispiele zu benennen.

7. Ich bleibe beim Thema.
Vermeiden Sie, Vergangenes wieder „aufzuwärmen“. Dies führt in der Regel zu neuen Auseinandersetzungen, die die Lösung der aktuellen Schwierigkeiten erschweren.

8. Ich frage nach.
Offene Fragen (W-Fragen) ermöglichen es dem Gegenüber, frei zu antworten. Nutzen Sie deshalb offene Fragen und verzichten Sie auf geschlossene Fragen, auf die man nur mit „Ja" oder „Nein" antwortet.

9. Ich fasse zusammen, was ich höre.
Wiederholen Sie mit Ihren eigenen Worten, was Sie verstanden haben. So hat Ihr Gegenüber die Möglichkeit zu überprüfen, ob das Gesagte richtig bei Ihnen angekommen ist, und kann Missverständnisse korrigieren.

Gesprächshelfer, die schwierige Situationen entschärfen (1/2)

Was?	**Hilfreiche Handlungen/Formulierungen**
Aufmerksamkeit zeigen	✔ Blickkontakt ✔ vorbeugen ✔ nicken und lächeln ✔ *„Aha“, „Mh“, „Ja?“, „Und dann?“*
Loben	✔ *„Ich finde es toll, dass Sie von sich aus auf mich zukommen.“* ✔ *„Sie haben schon viel erreicht.“* ✔ *„Karim ist ein sehr interessiertes und rücksichtsvolles Kind.“*
Verständnis ausdrücken	✔ *„Ich verstehe, dass …“* ✔ *„Ich kann mir vorstellen, wie …“*
Namentliche Ansprache	✔ direkte Ansprache ✔ *„Herzlich willkommen, Frau Klein.“*
„Türöffner“	✔ Gespräch anbieten ✔ Thema aufgreifen ✔ *„Möchten Sie darüber sprechen?“*
Nachfragen	✔ *„Wie meinen Sie das genau?“* ✔ *„Was verstehen Sie unter …?“* ✔ *„Beschreiben Sie das bitte noch einmal ganz konkret.“* ✔ *„Inwiefern verhält er sich unkonzentriert?“*
Offene Fragen	✔ *„Was stellen Sie sich vor?“* ✔ *„Was wünschen Sie sich von uns?“* ✔ *„Wie schätzen Sie die Situation ein?“*
Zielorientierte Fragen	✔ *„Was könnte Julian helfen …?“* ✔ *„Was würde sich ändern, wenn das Problem gelöst wäre?“* ✔ *„Was können Sie tun, um …?“*

Gesprächshelfer, die schwierige Situationen entschärfen (2/2)

Wichtige Aussagen wiederholen	✔ *„Sie sind der Meinung, dass Marie zu wenig gefördert wird?“* ✔ *„Verstehe ich Sie richtig, dass Sie mit meiner Bewertung der Beobachtung so nicht einverstanden sind?“*
Gesagtes zusammenfassen	✔ *„Sie haben mir jetzt ganz genau geschildert, was Sie …“* ✔ *„Wir halten fest, dass …“*
Auf den Punkt bringen, was der andere meint	✔ *„Verstehe ich Sie richtig, dass Sie meinen …?“* ✔ *„Wollen Sie damit sagen, dass …?“* ✔ *„Wenn ich Sie richtig verstehe, erwarten Sie …“*
Wünsche heraushören	✔ *„Ihnen kommt es also in erster Linie darauf an, dass …?“* ✔ *„Ihnen ist besonders wichtig, dass …?“*
Gefühle ansprechen	✔ *„Ich bin jetzt doch ganz schön erschrocken.“* ✔ *„Es fällt Ihnen sicher nicht leicht, darüber zu sprechen.“* ✔ *„Sie sind enttäuscht?“*
Ich-Botschaften	✔ *„Ich mache mir Sorgen um Julian.“* ✔ *„Ich beobachte, dass …“* ✔ *„Ich kann nicht pünktlich Feierabend machen, wenn …“*
Positiv formulieren	✔ *„gern“, „ja“, „schön“, „gut“, „sicher“, „natürlich“*
Verbindlichkeit	✔ *„Ich melde mich am Mittwoch deswegen bei Ihnen.“* ✔ *„Ich kümmere mich jetzt sofort darum.“*

Gesprächskiller kennen und vermeiden (1/2)

Was?	Kontraproduktive Formulierungen
Vorwürfe und Vorhaltungen	✔ *„Warum haben Sie denn nicht …?“* ✔ *„Sie sollten lieber …“* ✔ *„Sie reagieren schnell gereizt und dann …“* ✔ *„Sie haben …“*
Bewerten, Einschätzung der Eltern anzweifeln	✔ *„Da täuschen Sie sich.“* ✔ *„So kommen Sie nicht weiter.“* ✔ *„Ihr Kind hat ADHS.“* ✔ *„Kinder müssen eben …“* ✔ *„Das kann eigentlich gar nicht sein.“*
Herunterspielen, beschwichtigen, trösten	✔ *„Das ist doch nicht so schlimm.“* ✔ *„Das erleben alle Eltern.“* ✔ *„Das wird schon wieder.“* ✔ *„Dafür ist er ein ganz liebes Kind.“* ✔ *„Das sollten Sie sich nicht so zu Herzen nehmen.“*
Gute Ratschläge	✔ *„Sie sollten nicht immer so ungeduldig mit ihm sein.“* ✔ *„Es wäre besser, wenn Sie …“* ✔ *„Warum versuchen Sie nicht einmal …“* ✔ *„Bei meiner Tochter habe ich dann immer …“*
Unterstellungen	✔ *„Sie reagieren jetzt so gereizt, weil …“* ✔ *„Ihnen kommt es doch nur darauf an, zu …“*
Belehren	✔ *„Das habe ich Ihnen doch schon einmal erklärt.“* ✔ *„Wissen Sie denn nicht, dass …?“* ✔ *„Ihnen sollte schon klar sein, dass …“*
Befehlen	✔ *„Jetzt beruhigen Sie sich mal.“* ✔ *„Sie müssen nur … “*

Gesprächskiller kennen und vermeiden (2/2)

Drohen	✔ *„Wenn Sie nicht Vernunft annehmen, dann …“* ✔ *„Das würde ich mir an Ihrer Stelle gut überlegen.“* ✔ *„Wenn Sie jetzt nichts unternehmen, wird es Ihnen später leidtun.“*
Gegenangriff	✔ *„Daran sind Sie aber auch selbst schuld.“* ✔ *„Sie hätten ja auch schon früher etwas sagen können.“* ✔ *„Ausgerechnet von Ihnen muss ich mir das nicht sagen lassen.“*
Killerphrasen	✔ *„Das geht nicht.“* ✔ *„Das haben wir schon immer so gehandhabt.“* ✔ *„Da könnte ja jeder kommen.“* ✔ *„Da sind mir leider die Hände gebunden.“*
Reizwörter	✔ *„lügen“, „ausrasten“, „Problem“, „schwierig“, „stören“, „aber“, „trotzdem“ …*
Weichmacher	✔ *„irgendwie“, „vielleicht“, „eigentlich“, „eventuell“* ✔ Konjunktiv (*„hätte“, „würde“, „könnte“ …*)

Die eigene Rolle reflektieren

Beim Blick auf die eigene Rolle können Ihnen diese Fragen helfen.
Beantworten Sie sie für sich allein oder diskutieren Sie sie mit einer Kollegin:

- *Was ist meine Motivation bei der Arbeit? Warum übe ich meinen Beruf gern aus?*

- *Wo liegen meine persönlichen Stärken im Beruf? Was fällt mir leicht?*

- *Wie ist mein Verhältnis zu den Eltern? Wie geht es mir mit ihnen?*

- *Respektiere ich die Eltern als Experten fürs eigene Kind? Warum?*

- *Welche Gesprächssituationen in meinem Berufsalltag empfinde ich als problematisch? Wie reagiere ich in der Regel?*

- *Welches Verhalten in schwierigen Gesprächen hat mir in letzter Zeit geholfen? Was würde ich wieder tun?*

Literaturverzeichnis

Der Paritätische Gesamtverband (Hrsg.) (2016): Arbeitshilfe Kinder- und Jugendschutz in Einrichtungen. Gefährdung des Kindeswohls innerhalb von Institutionen. Berlin. 2. Aufl. Link: https://www.der-paritaetische.de/fileadmin/user_upload/Publikationen/doc/kinder-und-jugendschutz-in-einrichtungen-2016_web.pdf (letzter Zugriff: 26.6.19).

Rechtliche Definition von Beleidigung: https://wirtschaftslexikon.gabler.de/definition/beleidigung-29071 (letzter Zugriff 24.02.2022), Wiesbaden: Springer Gabler | Springer Fachmedien Wiesbaden GmbH.

Rosenthal, Robert; Jacobson, Lenore (1971): **Pygmalion im Unterricht. Lehrererwartungen und Intelligenzentwicklung der Schüler.** Weinheim: Beltz.

Medientipps

Aich, Gernot; Behr, Michael:
Gesprächsführung mit Eltern in der Kita.
Beltz Juventa, 2016
ISBN 978-3-7799-3347-2

Bartoli y Eckert, Petra:
Impulskarten fürs Kita-Team: 48 Impulse für wertschätzende Elterngespräche.
Verlag an der Ruhr, 2019
ISBN 978-3-8346-4192-2

Gordon, Thomas:
Familienkonferenz. Die Lösung von Konflikten zwischen Eltern und Kind.
Heyne Verlag, 2012
ISBN 978-3-4536-0232-8

Groot-Wilken, Bernd:
Entwicklungsgespräche in der Kita
Herder, 2017
ISBN 978-3-4513-2828-2

Krause, Matthias Paul:
Elterngespräche Schritt für Schritt. Praxishandbuch für Kindergarten und Frühförderung.
Ernst Reinhardt Verlag, 2013
ISBN 978-3-4970-2425-4

Lindner, Ulrike:
Klare Worte finden. Elterngespräche in der Kita.
Verlag an der Ruhr, 2013
ISBN 978-3-8346-2355-3

Elterngespräche in der Kita ohne Dolmetscher! Über 200 Bildkarten in Arabisch, Englisch, Französisch, Türkisch.
Verlag an der Ruhr 2022
ISBN 978-3-8346-6037-4

Redaktionsteam Verlag an der Ruhr:
Elterngespräche in der Kita – einfach protokolliert.
Verlag an der Ruhr, 2019
ISBN 978-3-8346-4084-0

Scharlau, Christine; Rossié, Michael:
Gesprächstechniken
Haufe, 2016. 3. Aufl.
ISBN 978-3-648-08673-5

Wilkening, Nina:
Kinder ohne Deutschkenntnisse in der Kita eingewöhnen.
Praxishilfen, Vorlagen und Checklisten.
Verlag an der Ruhr, 2017
ISBN 978-3-8346-3672-0